Britta Hirschburger

# Erwecke die Gotteskraft in dir

Bitte fordern Sie unser kostenloses Verlagsverzeichnis an:

Smaragd Verlag
In der Steubach 1
**57614 Woldert (Ww.)**
**Tel.: 02684-97848-10**
**Fax: 02684-97848-20**
E-Mail: info@smaragd-verlag.de
www.smaragd-verlag.de

Oder besuchen Sie uns im Internet unter der obigen Adresse und melden Sie sich für unseren Newsletter an.

© Smaragd Verlag, 57614 Woldert (Ww.)
Deutsche Erstausgabe: Juni 2014
© Cover: quickflash34 – Fotolia.com
Umschlaggestaltung: preData
Satz: preData
Printed in Czech Republic
**ISBN 978-3-95531-048-6**

Britta Hirschburger

# Erwecke die Gotteskraft in dir

## Smaragd Verlag

# Über die Autorin

 Britta Hirschburger wurde 1970 in einem Dorf in Sachsen-Anhalt geboren und wohnt heute mit ihrer Familie in Dresden.

Seit 2004 ist sie als Heilpraktikerin (Psychotherapie), Massagetherapeutin und Heilerin tätig. Seit 2010 fließen die Impulse der höheren Ebenen mehr und mehr in ihre Arbeit als Heilerin mit ein und nehmen auch Einfluss auf die „Intuitive Quantenfeldheilung", die sie als Methode entwickelt hat und lehrt. Mit ihrem Mann arbeitet sie in eigener Praxis. Gemeinsam reisen sie viel – sie werden zu Plätzen in der Natur geführt, die der Heilung und Klärung bedürfen, und sie führen energetische Raumharmonisierungen durch. Das intuitive Erfassen und Niederschreiben von Texten ist zu einem festen Bestandteil ihres Lebens geworden.

Mehr Details zu ihrem Werdegang finden Sie auf ihrer Homepage.

**www.heilpraxis-hirschburger.de**

# Vorwort

Lange Jahre schwelte in mir die Idee, ein Buch zu schreiben. Es war ein vager Gedanke, der mich eines schönen Tages befiel und nicht mehr losließ. Doch ich hatte keine Ahnung, worum es in dem Buch gehen sollte, geschweige denn, wie anfangen – und wo aufhören?

In den letzten drei Jahren begann ich, intuitiv empfangene Texte niederzuschreiben. Zu Beginn hauptsächlich, um drängende Fragen des täglichen Lebens zu beantworten, später auch als Ergänzung und Bereicherung der Unterlagen für die Seminare im Bereich ganzheitlicher Heilung, die mein Mann und ich halten. Häufig musste ich beim späteren Durchlesen staunen, was ich aufgeschrieben hatte: Ein völlig anderer Sprachstil, manchmal fast lyrisch, der Gedankengänge enthielt, zu denen ich im Allgemeinen nicht in der Lage war. Doch für das „Buchprojekt" brachte es noch nicht viel, da kein Zusammenhang zwischen den einzelnen Texten bestand. Sie bezogen sich auf zu viele unterschiedliche Themenbereiche.

Eines Tages beschloss ich, endlich anzufangen. Ich erstellte eine Layout-Seite, speicherte sie unter „Mein Buch", setzte mich am nächsten Tag mit meinem Laptop im Wald unter einen schönen alten Baum und harrte der Dinge, die da kommen wollten. Das Resultat sind dieses Vorwort und die ersten Seiten von Teil I. Und so, wie diese aus dem Moment heraus entstanden sind – ohne lange Überlegungen, Abwägungen und Gedankenketten –, bitte ich Sie, dieses Buch zu lesen: Offen für Veränderungen, bereit, gewohnte Denkschemata zu hinterfragen, mit dem Herzen zu spüren, statt mit dem Verstand zu analysieren.

Auf diese Weise sind auch manchmal ungewöhnliche Satzbildungen und Wortneuschöpfungen entstanden, die unverändert in das Buch übernommen wurden. Bitte stoßen Sie sie sich nicht daran, wenn einiges Ihrem gewohnten Sprachgefühl zuwider laufen sollte: Wir werden Ebenen berühren, für die unsere Sprache nicht ausreichend scheint. Umschreibungen und Vergleiche sollen helfen, ein Gefühl für das Gemeinte zu bekommen.

Natürlich wird nicht jeder mit allem einverstanden sein, was hier offenbart wird. Das ist gut so und liegt in der Natur der Dinge. Doch ich möchte Sie von Herzen bitten, nicht beim ersten Widerstand gegen das Gelesene aufzugeben. Manchmal warten die Geschenke dort, wo wir sie am wenigsten vermuten. Geben Sie sich die Chance, sie zu finden.

In diesem Sinne wünsche ich Ihnen viel Freude beim Lesen der Texte, die nicht aus meinem analytischen Verstand geboren sind, sondern aus den Inspirationen und Impulsen der höheren Ebenen des Bewusstseins. Wie immer Sie diese persönlich auch nennen mögen, wir alle haben den Zugang dazu, doch nicht jeder traut sich, diesen auch zu benutzen. Mögen die geschriebenen Worte Ihnen helfen, Ihren eigenen Zugang zu erkennen und zu nutzen.

In innigem Dank an alle geistigen Helfer,
Britta Hirschburger-Hohm

# Inhaltsverzeichnis

# Teil I – Inspiriert von Lord Maitreya

## Dieses Buch handelt von dir

Gewöhnlich beginnen Bücher mit einer Einleitung. Diese wollen wir uns sparen und direkt zur Sache kommen. Langschweifige Erklärungen werdet ihr hier ebenso vergeblich suchen wie analytische, sachbuchmäßige Vorgehensweisen. Was ist die „Sache", um die es hier gehen soll? Du! Du bist die Sache, um die sich alles dreht. Und um dich und niemand anderen soll es hier gehen. Warum? Weil du das Einzige bist, was zählt.

Wie kann es ein Buch geben, das sich nur um dich dreht? Die Antwort ist einfach: Es wurde extra für dich geschrieben! „Aber es wird doch von vielen gelesen, und der Autor kennt mich überhaupt nicht!" Das macht nichts, du hast dieses Buch gefunden und hältst es jetzt in den Händen. In der Welt, so, wie sie wirklich beschaffen ist, ist alles und jeder allem und jedem bekannt. Und so hat dieses Buch nicht „einfach so" zu dir gefunden, sondern aufgrund der Fragen, die du in dir bewegst, und der Überlegungen, die du anstellst. Und es ist genau zur richtigen Zeit zu dir gekommen. Der Autor muss dich nicht kennen, denn Spirit (ich benutze hier den dir geläufigen Namen für die Ebenen des Lebens, die manchmal auch als Gott bezeichnet werden) kennt dich.

Doch was gibt es zu sagen über dich, dass es ein ganzes Buch füllen könnte? Oh, viel, so viel. Das, was du als „Ich" bezeichnest, ist nur ein Bruchteil dessen, was dich wirklich ausmacht. Und nicht mal diesen Teil kennst du vollständig. Es gibt in deinem Körper und in deiner Psyche noch so viele X-Faktoren – wie viel mehr werden wir wohl entdecken, wenn wir uns in Bereiche vorwagen, die deine Herkunft, deine Zukunft, dein Werden und dein Sein betreffen? Freue dich darauf und gehe mit mir auf eine Entdeckungsreise zur dir.

## Über den Ursprung und das Wesen von Zeit

Beginnen wir von vorne. Doch wo ist bei dir vorne? Und wenn es ein Vorne gibt, gibt es dann ein Hinten? Was wir hier mit vorne meinen, ist der Ursprung – nicht der Anfang, denn ein Anfang implizierte ein Ende –, der Ursprung dessen, was du bist. „Ich kenne meinen Ursprung. Ich bin am ... in ... geboren, und meine Eltern heißen ..." Wirklich? Ist das dein Ursprung? Es ist wohl der Beginn dieses deines Lebens, aber für einen Ursprung doch fürwahr ein bisschen zu wenig, meinst du nicht? Wenn dir das als wahrer Ursprung genügt, muss dein Leben zwangsläufig sehr trostlos sein. Dann lebst du in einer Welt, die ständig am Werden und Vergehen und Neu-Erstehen ist – vom kleinsten Grashalm bis zum fernsten Stern –, und dir ist nur ein kleiner Ausschnitt gegeben, der irgendwann, nämlich zum Zeitpunkt deiner Geburt, beginnt und dann genauso abrupt, nämlich zum Zeitpunkt deines Todes, wieder endet. Ziemlich trübe Aussichten, nicht wahr? Dann gehst du hin und überdeckst diesen Schmerz durch allerlei Aktivitäten und das Erreichen ständig neuer Ziele, die den offensichtlichen Makel deiner eigenen Endlichkeit erträglicher machen sollen. Doch irgendwie hat das noch nie funktioniert, und du hast keine Ahnung warum und suchst immer weiter.

Weil es jedoch (fast) allen Menschen genauso geht, bemerkst du den Irrtum, der darin liegt, nicht. Aber wie viele dieser Menschen kennst du, die frei sind von Problemen, frei von Ängsten, Sorgen, Schmerzen und Leiden? Ja, sie funktionieren alle irgendwie, halten durch und

„stehen ihren Mann", aber glücklich sein, das ist etwas für später. Wie viele Menschen kennst du, denen wahrhaftige Leichtigkeit zu eigen ist und denen die Freude aus den Augen springt? Sicher, es gibt sie – aber wie viele davon hast du in deinem Umfeld? Sind es nicht eher die Menschen, zu denen du aufschaust, von denen du meinst, etwas lernen zu können, deren Worte und Taten dich inspirieren und irgendwie in deinem Herzen berühren?

Ursprung, was ist der Ursprung? Diese Frage ist so alt wie die Menschheit selbst – vielmehr so alt, wie es Menschen gibt, die anfangen, sich aus der Schafherde zu lösen und die Dinge nicht mehr unhinterfragt hinnehmen. Diese Visionäre und Vorreiter hat es zu allen Zeiten gegeben, und auch heute sind sie, zahlreicher denn je, mitten unter euch. Ich war einst einer von ihnen, daher weiß ich, wovon ich spreche und wie der Prozess beginnt und endet, denn ich habe ihn durchlaufen. „Oh Mann, was denn schon wieder für ein Prozess? Langsam geht mir das Geschwafel hier aber wirklich auf die Nerven." Nun ja, der Prozess der Erkenntnis des wahren Wesens des Lebens. Ließe sich dieser in zwei einfache Sätze fassen, die alle verstehen, bräuchte es nicht immer wieder neue Lehrer und Bücher. So hab ein wenig Geduld mit mir und mit dir – wir kommen voran, auch wenn du es nicht gleich bemerkst.

Also, ich habe den Prozess durchlaufen – vom Anfang bis zum Ende –, doch erst am Ende kam ich zum Ursprung. Der Ursprung. Ur-Sprung. Ur-Sprung? Ur-Sprung! Oder Uhr-Sprung?

Der Ur-Sprung war gleichzeitig ein Uhr-Sprung.

Was ist damit gemeint? Nun, der Ursprung des Lebens, so, wie du es heute kennst und wahrnimmst, hat mit dem Phänomen Zeit zu tun, und zwar mehr als du glaubst. Nur in einer Welt, in der die Zeit integraler Bestandteil der Erfahrung ist, kann sich Leben in dieser Form entfalten. Es gibt viele Welten, die durchaus auch lebendig sind, in denen jedoch andere Gesetze herrschen als in der eurigen. Ihr könnt euch davon keine Vorstellung machen, da die Vorstellung in eurem Gehirn entsteht, und dieses ist – im Moment noch – auf die lineare Verarbeitung ankommender Impulse eingestellt. Was bedeutet lineare Verarbeitung? Eins nach dem anderen. In zeitlicher Abfolge. So ist deine Welt gestrickt. Also war das Entstehen von Zeit der Ursprung des Lebens in dieser Form.

Wie entsteht Zeit? Zeit benötigt mindestens zwei Bezugspunkte. Was sind Bezugspunkte? Zwei „Etwasse", zwischen denen eine Beziehung existiert. Habe ich nur einen Bezugspunkt, besteht keine Beziehung. Und wenn keine Beziehung besteht, gibt es keinen Kampf und keinen Krieg. Dazu gehören immer mindestens zwei. Also ist das Auslöschen von Zeit auch das Auslöschen des Kämpfens. Und wenn kein Kampf mehr ist, was ist dann da? Frieden. Stille. Freude. Leichtigkeit. Nur, was nutzt diese wunderbare „Leichtigkeitfreudenstille", wenn nichts und niemand mehr da ist, mit dem sie geteilt werden kann? Genauso begann Leben. Die ursprüngliche einheitliche Kraft, Essenz, Quelle, bemerkte in all ihrem Frieden etwas eklatant Fehlendes: Erfahrung. Einsamkeit war die Folge dieser Empfindung. Und diese Einsamkeit war der Same. Wie steht es in eurer christlichen Schöpfungsmythologie? „…und Gott machte ihm eine Gefährtin, auf dass er nicht mehr allein sein sollte." Jawohl, genauso war es – bildlich ausgedrückt. Und was ist und bleibt bis heute die heilige Aufgabe des Menschen?

Finde den ursprünglichen Samen und die damit ein-hergehende „Friedenleichtigkeitstille" und bringe diese mit in deine Welt, auf dass alle anderen sie sehen und auch entdecken können.

Das ist eure tiefste Sehnsucht, und die Erbsünde be-steht lediglich darin, es vergessen zu haben. Kein Teufel oder Verderben wird euch deswegen holen. Ihr seid schon lange genug in eurer eigenen Hölle gefangen, da braucht es keine äußeren Instanzen mehr.

Was ist das Wesen eines Samens? Verschwindet er, wenn die Pflanze wächst? Löst er sich auf? Nein, das tut er nicht. Er ist noch immer da, mit all seiner Kraft und sei-nem Potenzial. Aber er ist nicht mehr zu sehen. Er hat eine Transmutation durchlaufen und ist nun viel mehr als vor-her. Ja, er ist nun seinerseits in der Lage, neue Samen hervorzubringen. Die Pflanze ist nicht ohne den Samen zu verstehen, sie ist nicht getrennt von ihm. Kein anderes Ding. Der Samen ist noch immer mit seiner ganzen Essenz in ihr enthalten, er ist nur gewachsen, hat sich gewandelt und seine Form verändert. Aber es ist noch immer der glei-che Same. Und eines Tages, wenn die Pflanze vergeht, wird dieser Samen wieder zum Ursprung zurückkehren, und der Kreis des Lebens schließt sich. Genau wie bei dir.

Du bist hervorgegangen aus der ursprünglichen Ein-Sam(en)-keit und hast dich hinaus gewagt in das Leben, mit all seinen unendlichen Möglichkeiten und Facetten, um alles zu ER-fahren. Und da bist du nun. Mit all deinen Dramen, deinem Schmerz und Leid. Wie wenig ist noch übrig von der „Stillefreudeleichtigkeit". Wie selten sind die Augenblicke, in denen sie durchscheint. Doch ist sie deshalb verschwunden, hat sich aufgelöst? Oder schlummert sie genau wie der Samen in der Pflanze? Denke darüber nach. Was ist deine Essenz? Woher kommst du, und wohin gehst du? Gehst du überhaupt? Oder bist „du" weiterhin still und unbewegt und wie der Samen in der wachsenden Pflanze teilnehmender Be-Stand-teil des Ganzen?

**Übung 1:**

*Setze dich bequem hin, sodass du eine Weile entspannt in dieser Position verweilen kannst. Schließe die Augen und richte die Aufmerksamkeit auf deinen Atem. Beobachte deinen Atem eine Weile, ohne ihn zu beeinflussen. Sei dir deines Atemflusses bewusst. Nach ungefähr drei Minuten des Beobachtens, wie der Atem kommt und geht, stelle dir innerlich die folgende Frage, und dann achte darauf, was passiert: Woher kommt mein nächster Atemzug?*

Tue es, bevor du weiterliest.

Was ist der Effekt? Hast du bemerkt, dass du unwillkürlich – in gespannter Erwartung der Antwort – aufgehört hast zu atmen und in deinem Kopf Raum, Weite entstand? Und dann kam von allein ein tiefer Atemzug. Einfach so und ohne dass du eine Antwort in Worten bekommen hättest, fing dein Körper von alleine wieder an zu atmen. Hast du das gemacht? Und wenn nicht, wer dann? Wer oder was hat dafür gesorgt, dass du weitergeamtet hast? Wer oder was hat die Intelligenz und den Überblick, dafür zu sorgen, dass du vor lauter Erwartung nicht umfällst, weil dir der Sauerstoff ausgeht? Und wie fühlte sich diese Weite an, die in diesem Moment entstand? War es eine tote Leere oder eine höchst lebendige, bewusste Gegenwart?

Diese lebendige Gegenwart kommt dem sehr nahe, was du wirklich bist, und die Intelligenz, die dafür sorgte, dass dein Körper weiteramtete, ist ein Ausdruck dessen, was du in Form deines Körpers bist. Dieser Körper existiert ebenfalls nicht getrennt vom Samen, von der Quelle. Diese lebendige Bewusstheit durchdringt mit unendlicher Sorgfalt alle Prozesse und Vorgänge und lässt nicht zu, dass das Gefühl der Getrenntheit, das das Grundübel allen menschlichen Leidens ist, die Oberhand gewinnt. Es lässt sich durch die alltäglichen Verrichtungen und Geschäftigkeiten leicht verdrängen, dass du ohne diese Gegenwärtigkeit, die alles belebt und beseelt, nicht existieren würdest. Wie zahlreich wären wohl die Geschenke des Lebens, wenn du dem Leben selbst mehr Aufmerksamkeit entgegenbringen würdest? Solch kleine Übungen sind ein erster Schritt in diese Richtung.

# Die Kraft ist in dir!

Wenn du bis hierher gelesen hast, darf ich dir gratulieren. Du lässt dich nicht abschrecken von dir unverständlichen, scheinbar philosophischen Konzepten, die dir anscheinend für dein tägliches Leben nicht dienlich sind. Du willst es wirklich wissen, die wahre Wahrheit erfahren, und du bist bereit, dafür auf alles zu verzichten, was bisher deine Realität ausmachte. Das Erkennen deines wahren Wesens ist dir das Wichtigste auf der Welt. Alles andere kommt danach. Habe ich recht?

Das ist gut so. Nur mit dieser Bereitschaft, die von selbst entsteht und nicht erzwungen werden kann, lockern sich die Identifikationen, und die Wahrheit hat eine Chance, zu dir durchzudringen. Offen liegt sie seit allen Zeiten (ja, ja, die liebe Zeit...), doch bisher konnten nur wenige sie sehen.

Nun wollen wir einmal sehen, ob wir alles, was bisher gesagt wurde, in eine Form bringen können, mit der du etwas anfangen kannst. Diese Form muss sich an den dir möglichen Verarbeitungsstrukturen orientieren. Das ist nicht so einfach zu bewerkstelligen. Nicht für alles, was ich zu vermitteln gedenke, gibt es geeignete Worte. Darum liebe ich es, mit den dir zur Verfügung stehenden Möglichkeiten zu spielen und neue Worte und Analogien zu kreieren. Ich hoffe, du hast ebensolchen Spaß daran.

Wir waren beim Ursprung. Aus der vollkommenen, doch sich ihrer selbst in keinster Weise bewussten „Fülleunendlichkeitweite" stieg einst der Wunsch auf, Erfahrungen mit allem zu machen, was potentiell möglich war. Doch was war das, und wie sollte es erkannt werden? Der unerschöpflich reichen Essenz entsprang das erste Aufflimmern von Selbstbewusstheit. In euren Schriften steht: Am Anfang war das Wort. Genauso ist es. Wort ist hier die Analogie für die erste Bewusstwerdung, die erste Benennung, Erfahrung, Erkennung. Doch was passierte damit? Die „Einheitstillefreude" des Alles-was-ist trennte sich auf – es gab nun etwas, das sich seiner selbst bewusst war. Also zwei. Die Bewusstheit und das Bewusste. Den Betrachter und das Betrachtete. Doch diese Auftrennung ist nur scheinbar, erinnere dich an die Analogie des Samens, der immer in der Pflanze enthalten bleibt, egal, was mit der Pflanze geschieht.

Die „Reineliebestille" verschwand durch diese Auftrennung nicht etwa, nein, sie vervielfältigte sich und begann ihre Reise durch die unendlichen Möglichkeiten aller Welten. Doch selbst blieb „ES" unbewegt und still, was immer es gewesen ist und sein wird. Die „Reinefreudeliebe" besteht fort, was immer mit all den „Abspaltungen" geschieht. Die Quelle betrachtet sich selbst durch die Augen ihrer Geschöpfe und staunt. Dein persönliches Drama besteht lediglich darin, dass du vergessen hast, dass du nicht eine Pflanze bist, die den Launen der Natur ausgesetzt und isoliert von ihrem Samen ist. Das ist das ursächliche Trauma, das ihr alle in euch tragt und mit jeder Geburt aufs Neue wiederholt. Wieder und wieder müsst ihr durchleben, aus der vollkommenen „Freuderuheliebe" verstoßen und in eine scheinbar feindliche Welt versetzt zu werden. Bis ihr euch eines Tages daran erinnert: „Ja, mein Gott, du hast mich nie verlassen, ich habe dich nie verlassen. Es schien mir nur so in all den wunderbaren Träumen, die ich geträumt habe, um zu erfahren, wozu das Alles-was-ist in der Lage ist. Wie wunderbar und wunderschön. Das Leben ist wohlwollend und großartig, und ich bin auf immer frei – sobald ich mich daran erinnere."

Doch diese Erkenntnis, diese Erinnerung, kommt nicht über Nacht. Sie stellt sich im Laufe eines (Er-)Lebens meistens nach und nach ein. Und leider muss häufig der Leidensdruck erst groß genug werden, bis ein Mensch auf die Idee kommt, die bisherigen Umstände und Realitäten zu hinterfragen. Kaum jemand kommt von selbst auf die Idee, über den Tellerrand zu schauen, und diejenigen, die es wagen, waren und sind immer die großen Vorreiter und Propheten der Menschheit.

Möchtest auch du dazu gehören und genügt es dir nicht mehr, ein scheinbares Leben voller Illusionen zu verbringen, dann spricht nichts dagegen, aufzustehen und zu beginnen. Du bringst alle Voraussetzungen dafür bereits mit, es gibt nichts zu lernen oder zu erreichen. Du musst einfach nur schauen, was wirklich ist, und alles beiseitelassen, was dir gesagt wurde und was du gelernt hast. Ganz einfach – und doch für die meisten so schwer zu bewerkstelligen. Darum möchte ich dir einige Übungen und Hilfsmittel an die Hand geben, um dir beizustehen und damit du erkennst: Die Kraft ist in dir. Nein, vielmehr ist sie nicht in dir. Das würde allen vorherigen Ausführungen widersprechen. Die Kraft ist nicht in dir. Du bist die Kraft! Ganz und gar und ungeteilt und untrennbar. Aber „du" weißt das nicht, und dieses „Du", als das du dich kennst, wird es auch nie wissen. Das, was dieses Wissen erkennen und verarbeiten kann, ist viel mehr als dieses Du. Das ist der am schwierigsten zu meisternde Schritt auf diesem scheinbaren Weg: Du bist nicht du! Und doch: Wird die volle Erkenntnis eines Tages durchscheinen, wirst du immer noch du sein – aber doch „jemand" anderes. Alles, was vorher war, wird dir wie ein Traum erscheinen – und genau das war es auch.

# Über den Wert innerer Freiheit

Gerade heute erscheint es wichtiger denn je, die seit alters her bekannten Prinzipien wieder in das Bewusstsein einer breiteren Masse zu integrieren, will die Menschheit nicht an ihren eigenen Verwirrungen zugrunde gehen. Dazu bedarf es praktikabler, umsetzbarer Möglichkeiten denn die (geistige) Trägheit ist zu einem Kulturgut geworden. Durchdringe zunächst diesen dichten Bereich deiner eigenen Unfähigkeit zu innerer Sammlung und Fokussierung mit folgender Übung:

## Übung 2:

*Sitze bequem in einer von dir gewählten Position, schließe zunächst die Augen und nimm wahr, was um dich herum geschieht. Beobachte wachsam alle Geräusche, Gerüche, Bewegungen in deiner Umgebung und widerstehe der Versuchung, diese zu benennen und zu analysieren. Bleibe einige Minuten fokussiert bei diesem Tun. Dann richte deine Aufmerksamkeit auf deinen Körper. Spüre auch hier allen Wahrnehmungen und Empfindungen nach. Registriere sie, ohne zu erklären und zu benennen. Tue dies einige Minuten. Richte nun deine Aufmerksamkeit auf dein sogenanntes Innenleben; deine Gefühle, Emotionen, Gedanken. Auch hier wieder: Aufmerksam registrieren, beobachten, jedoch nicht bewerten, benennen und eingreifen. Einige Minuten lang.*

War das schwierig? Du fragst dich jetzt vielleicht, was das soll, aber achte einmal darauf, welchen Effekt dieses einfache Vorgehen hat: Deine Gedanken und dein Atem sind ruhiger geworden, du bist gelassener, ruhiger, mitunter auch klarer, doch vor allem hast du dich mühelos fokussiert und alle Faktoren ausgeschaltet, die in deinem System Stress – im Sinne von Störung – verursachen könnten. Hat sich dabei deine Umwelt anders verhalten als vorher? Nein, gewiss nicht. Mit dieser simplen Übung kannst du dir täglich aufs Neue beweisen, wie sehr es auf deine Wahrnehmung und deine Interpretation der Umgebung ankommt. Du hast den Schlüssel wahrhaftig selbst in der Hand!

Unterschätze nicht die Wirkung solch einfacher Vorgehen auf dein Wohlbefinden und deine Gesundheit. Diese gelassene Fokussierung und beobachtende Wahrnehmung fehlen fast allen Menschen heute und sind die wirklichen Ursachen für mannigfaltige körperliche und psychische Verirrungen.

Was ist eine Verirrung? Eine Verirrung ist eine Verzerrung der Wahrheit, zu der nur die Menschen dank ihres selbsttätigen Verstandes in der Lage sind. Für ein Tier ist ein Geräusch eine Wahrnehmung, es hat keine Namen und Kategorien dafür. Ist es schlecht, einen Verstand zu haben, der die Dinge benennen kann? Nein, natürlich nicht. Es ist die größte Errungenschaft der göttlichen Entfaltung. Ein Problem wird daraus erst in dem Moment, in dem ein Wesen nicht mehr in der Lage ist, ohne diese Benennungen zu leben. Warum? Ganz einfach, dann bleiben ihm alle Bereiche des Lebens verschlossen, die es nicht aufgrund bisher gemachter Erfahrungen oder angelernter Information benennen kann. Die Bereiche, für die es weder Worte noch Bilder hat, bleiben aus der Erfahrungswelt dieses Wesens ausgeschlossen – was nicht heißt, dass sie nicht existieren. Hier stoßen wir wieder auf den sprichwörtlichen Tellerrand.

Lass uns noch einmal die Übung von vorhin wiederholen und erweitern. Wenn es dir möglich ist, empfehle ich, dass du dir die Übung aufnimmst und dann anhörst oder dir von jemandem vorlesen lässt. So ist es einfacher, entsprechende Erfahrungen zu machen.

**ÜBUNG 3:**

*Sitze bequem, schließe die Augen. Beobachte zunächst benennungsfrei deine Außenwelt, dann deinen Körper und dann deine Innenwelt. Nimm im wahrsten Sinne des Wortes wahr, was dort ist, und lass es einfach da sein. Gut.*

*Nachdem du das einige Minuten lang getan hast, stelle ich dir Fragen. Achte jeweils genau darauf, welche Antwort als erste in dein Bewusstsein dringt und was daraufhin in deiner inneren Wahrnehmung geschieht.*

*Wenn deine Außenwelt, dein Körper und deine Innenwelt von dir beobachtet werden können, wer oder was bist dann du?*

*Wenn deine Außenwelt, dein Körper und deine Innen-welt von dir beobachtet werden können, ohne ihre eigene Existenz zu verlieren, was sind dann sie?*

*Wenn deine Außenwelt, dein Körper und deine Innen-welt von dir beobachtet werden können, ohne sich zu ver-ändern, während du immer ruhiger und gelassener wirst, woher rührt das?*

*Wenn deine Außenwelt, dein Körper und deine Innen-welt von dir beobachtet werden können und dir so dabei helfen, ruhiger, gelassener und ausgeglichener zu wer-den, was nutzt dir das?*

Du wirst sicher deine eigene Antwort auf die letzte Fra-ge gefunden haben, in vielen Fällen jedoch wird sie „Frei-heit" lauten. Und diese Freiheit ist das große Geschenk von einfachen Übungen wie dieser. Doch die wenigsten Menschen wissen bislang diese Form des Nutzens zu schätzen. Sie verlangt es nach aktiver Veränderung, nach Durchdringung der Umstände, die sie gerne verändern möchten. Wen interessiert schon „Freiheit"? Wer weiß, dass Freiheit die Vorbedingung für wahrhafte Verände-rung ist – innen wie außen?

Nimmt diese subtile Freiheit nicht den größten Raum in deinem Erleben ein, wird alles Weitere immer nur Flick-werk der vermeintlichen eigenen Unzulänglichkeit sein. Doch wohin bringt dich das? Wirst du nicht am Ende dieses Lebens erkennen müssen, dass immer noch ein Rest Unvermögen, Unvollbrachtes, Ungetanes, Unver-standenes verbleibt? Und welcher Entschluss wird dann wohl in der Stunde deines Todes und der Zeit danach in dir reifen? Ich gehe in diesem Moment davon aus, dass dir die Unvergänglichkeit deines Wesens – ihr nennt es mitunter Seele – durchaus geläufig ist und dir die Vorstellung, dass es eine Zeit nach dem körperlichen Tod gibt, nicht allzu großes Unbehagen bereitet. Würdest du also in ruhiger Zufriedenheit und freudiger Erwartung sein auf das, was kommt, oder voller Reue und banger Ängstlichkeit, käme diese Stunde jetzt?

Du siehst, der Wert der Freiheit ist mit nichts aufzuwiegen, denn ihr Nutzen erstreckt sich nicht allein auf dein momentanes Erleben, sondern reicht weit über die Bereiche hinaus, zu denen du momentan Zugang hast.

Gehen wir noch einen Schritt weiter:

Getane Dinge Revue passieren zu lassen und sie so aus deinem Erleben zu verabschieden, ist eine weitere Möglichkeit, in die subtilen Bereiche der genannten Freiheit vorzudringen. Versäumst du das, wird sich immer ein Restbestand an Unfertigem in deinem Bewusstsein – und vor allem deinem Unbewusstsein – aufhalten und dich so wirklich auf-halten.

Was ist damit gemeint? Schließt du Dinge, Orte und Erledigungen nicht wirklich und bewusst ab, bestehen sie fort und hinterlassen ein Gefühl des Misserfolgs. Das ist unabhängig davon, ob die Unternehmung in deinen Augen erfolgreich war oder nicht. Bewusst abschließen heißt, den Aktendeckel zuzuklappen und den Ordner im Archiv zu verstauen. Das gelingt dir, indem du dir in einem ruhigen

Moment Zettel und Stift bereitlegst, die Augen schließt und in die Stille hinein die Frage stellst, was in dir und für dich an alten Dingen noch nicht abgeschlossen ist. Schreibe alles auf, was dir spontan einfällt, ohne weiter darüber nachzudenken. Egal, ob du Seiten füllst oder nur ein oder zwei Dinge auftauchen – tue es!

Dann lege deinen Zettel beiseite und widme dich deinem Tagewerk. Zu anderer Zeit gehe folgendermaßen vor:

**Übung 4:**

*Suche dir einen bequemen Platz, an dem du nicht gestört werden kannst. Nimm dir deinen Zettel mit den offenen Dingen, die dir dein Unter- und Überbewusstsein präsentiert haben.*

*Greife dir das heraus, worauf dein Blick zuerst fällt. Schließe die Augen. Erinnere dich an die mit dem Umstand verbundenen Situationen, Personen und Orte. Handelte es sich um einen längeren Prozess oder eine Unternehmung über einen langen Zeitraum, denke daran, was dir diesbezüglich als Erstes einfällt. Die dazugehörigen Emotionen und Körperreaktionen werden von alleine auftauchen, wenn du in die Bilderwelt der Erinnerung eintauchst. Klare fotografische Szenen sind dafür nicht notwendig, die Zellerinnerung reagiert spontan auf die Vorstellungen in individueller Art und Weise.*

*Verweile einige Augenblicke bei dem Empfinden und der Erinnerung. Ist es schmerzhaft, halte es aus – ist es pure Freude, genieße es!*

*Nun sieh dich eingebunden in die unendliche Weite des Kosmos. Lass die Sternenwelten mit all ihren Galaxien und unzähligen Sonnen vor dir auftauchen. Spüre dich selbst im Zentrum all dessen. Die Wahrnehmung geht von dir aus, also bist du im Zentrum. Jetzt lass alles, was mit dem unerledigten Vorgang zu tun hat, hinausströmen in die kosmische Weite. Egal, ob du den Vorgang vom Verstand her als abgeschlossen betrachtest oder nicht – lass ihn los! Fällt dir das schwer, probiere es zuerst mit banalen Vorgängen wie dem letzten Abendessen.*

Machst du es dir zu eigen, alles, was du beginnst, auf diese Weise zu beenden, häuft sich kein aufhaltender, blockierender Ballast an. Du gibst auf diese Weise die Schöpfung an den Schöpfer zurück. Und dort gehört sie hin! Verweilt sie in deinen Mental- und Emotionalfeldern, kann sie erstens nicht in die Verwirklichung kommen und bremst zweitens deinen freien Energiefluss. Du darfst gerne selbst entscheiden, was dir lieber ist…

## Mentale Konstrukte versus wahre Transformation

Vertraue der Einfachheit des Lebens. Dich dürstet nach komplizierten Abfolgen und schwierigen Übungen – die du dann sowieso nicht ausführst –, und die einfachen, leicht zu erledigenden Dinge erwecken deinen Argwohn. Was sollen solche simplen Dinge bringen?, denkst du bei dir und probierst es erst gar nicht. Eine große Chance, wahre Transformation zu erlangen, geht so ungenutzt an dir vorbei, und du wunderst dich, warum du nach Jahren spiritueller Beschäftigung anscheinend immer noch auf der Stelle trittst.

Schau dir einmal die Biografien der Menschen an, die in einem bestimmten Bereich wirklich erfolgreich waren und Neues geschaffen und erkannt haben. In den seltensten Fällen ist es die Folge bloßer Lektüre und des Anhörens von Vorschlägen und Hinweisen. Sie alle haben sich daran gemacht, das, was sie aufgenommen haben, in die praktische Umsetzung zu bringen und so ihre eigenen Erfahrungen zu sammeln. Das befähigt sie, anderen Menschen etwas weiterzugeben und selbst zu wahrer Erkenntnis zu gelangen – und sei es nur auf einem bestimmten Gebiet –, als all die trockenen (philosophischen) Abhandlungen, die der intellektuell geprägte Mensch so gerne konsumiert und/oder selbst absondert.

Viel Verwirrung ist auf der Erde geschehen, allein dadurch, dass Menschen Schriften mit großem Weisheits- und Wahrheitsgehalt nicht einer eigenen Prüfung unterzogen haben, sondern zum bloßen Wiederkäuer der Erfahrungen anderer wurden. So ist es unvermeidlich, dass sich Fehlinterpretationen und Ungenauigkeiten einschleichen, und vieles von dem, was dabei herausgekommen ist, prägt heute euer kulturelles und gesellschaftliches Verständnis. Nur durch Hinterfragen und Anzweiflung unter Benutzung des eigenen gottgegebenen Verstandes ist es dem Individuum möglich, selbst zum Kern der Wahrheit vorzudringen. Es nutzt nichts, die Glaubensvorstellungen und Meinungen anderer zu leben, ohne eine Beziehung dazu zu haben. Natürlich, es ist (im Moment) für euch normal, dass es so läuft, und nur Wenigen kommt in den Sinn, die Dinge infrage zu stellen. Ihr habt euch bequem eingerichtet und geht, wann immer möglich, den Weg des geringsten Widerstands in Bezug auf Religion, Politik, Wirtschaftssystem und persönliche Ansichten über das Leben.

Aber warum muss euch immer erst ein sogenannter Schicksalsschlag – wie eine schwere Krankheit oder der Totalverlust all eurer Güter – treffen, bevor ihr anfangt, über euch und eure Beziehung zum Leben nachzudenken? Seid ihr so involviert in die Geschäfte des Marktplatzes, dass ihr keinen Raum mehr habt für wirklich existenziell wichtige Dinge, die über das hinausgehen, was diese kurze Lebensspanne betrifft? Warum dann diese innere Leere, das Gefühl des Suchens und Nichtfindens, das mit immer neuen Aktionen und/oder Dingen überdeckt werden muss?

Sei doch wenigsten ehrlich zu dir selbst, wenn du es schon nicht zu anderen bist! Das Leben, so, wie es im Allgemeinen läuft, ist langweilig, unbefriedigend und ein

ewiger Kampf, der lediglich von einigen heiteren und friedvollen Momenten unterbrochen wird, und du fragst dich
immer öfter, wozu dieses ganze Theater wohl gut sein soll.
Doch diese Frage ist schwer auszuhalten, und so schal-
test du lieber den Fernseher an, schlägst die Zeitung oder
ein Buch auf oder begibst dich in die bodenlosen Weiten
des Internets, in der Hoffnung, dort ein Zeichen für deine
Bedeutung zu finden, und sei es nur in Form einer an dich
gerichteten E-Mail. Das gibt dir dann das Gefühl, zu existieren und eine Daseinsberechtigung zu haben, die dir immer mehr abhanden kommt im täglichen Hamsterrad der
scheinbaren Verpflichtungen und Aufgaben und all der An-
sprüche, die an dich gestellt werden.

Was fehlt, was läuft falsch? Es ist die einfache Berüh-
rung des Herzens, die dich bis in die innersten Tiefen erreicht und die in einer zunehmend virtueller und schneller
werdenden Welt zu kurz kommt. Das mag dir zu wenig erscheinen als Ursache für die vielfältigen Probleme, Krankheiten und zwischenmenschlichen Konflikte, die aus den
beschriebenen Symptomen resultieren, doch genau das
ist es! Ihr habt zu wenig wahre Begegnung – sei es mit
anderen Menschen oder der Natur –, zu wenig Tiefe in
den meisten eurer Gespräche und zu viel Nutzloses in eurem Leben, das euch belastet und blockiert. Wann hat dir
das letzte Mal jemand einfach so ein Lächeln geschenkt?
Wann hast du das letzte Mal fröhlich hüpfende Kinder beobachtet und dich selbst dabei leicht und unbeschwert ge-
fühlt? Wann hat dir das letzte Mal jemand ein Kompliment

gemacht? Wann hat dich das letzte Mal jemand angerufen und gesagt, er wollte einfach nur Danke sagen dafür, dass es dich gibt? Und wann hast du dies das letzte Mal getan?

Alle spirituellen Konzepte und geistigen Höhenflüge können die zwischenmenschlichen Komponenten nicht ersetzen. Sicher, du bist nicht abhängig von anderen Menschen, und deine innere Glückseligkeit sollte nicht von Lob oder Ablehnung beeinträchtigt werden. Aber wenn du das menschliche Wesen ganz verneinst, und mit ihm all seine Bedürfnisse, wirst du ein einsamer isolierter Heiliger sein, der an seiner Bestimmung vorbeilebt, da er nicht in der Lage ist, etwas von dem, was er sich zu eigen gemacht hat, an andere weiterzugeben. Sollte es wirklich deine Aufgabe sein, auf rein geistigem Gebiet der Menschheit und der Erde beizustehen, ohne jeden Kontakt zu anderen, bist du eine Ausnahme, und diese Worte finden keine Resonanz in dir. Ich gehe jedoch davon aus, dass es nicht der Fall ist, und möchte dich ermuntern, auf einer profanen menschlichen Ebene alle deine Beziehungen in Ordnung zu bringen und dich in der Liebe und Akzeptanz deiner Mitmenschen zu üben – was eine hohe Form der Hingabe an das Göttliche ist –, bevor du nach „höheren Weihen" strebst. Diese werden dir im Zuge deiner von selbst geschehenden Öffnung und Läuterung automatisch zuteil.

Verlass dich nicht auf Konstrukte und Konzepte, die von einer strengen Hierarchie und unbeugsamen Regeln für einen sogenannten Aufstieg sprechen – so läuft „das" nicht! Sicher, ein Wesen muss einen gewissen inneren Reifegrad und eine bestimmte Bewusstseinsstufe aufweisen, damit ihm neue und feinere Bereiche des Erlebbaren zur Verfügung stehen, doch ist das kein Prozess, an dem ein Gremium oder Gericht beteiligt ist, das festlegt, wer den Anforderungen Genüge getan hat, um weiterzukommen. Es ist ein automatischer Prozess, der nur mit dir zu tun hat und deiner Fähigkeit, der umfassenden, alleinigen Liebe, die das Leben selbst und somit Gott ist, Ausdruck zu verleihen. Allein an dieser Fähigkeit richtet sich eure (willkürliche) Skala von der Hölle bis zum Himmel aus, die zumindest in groben Zügen einer höheren Wahrheit entspricht. Die Bewusstseinsstufen sind also mehr Stufen der Öffnung des Herzens, wenn man so will, die ihr alle auf eurem Weg von der tierischen zur wahrhaft menschlichen Natur durchlaufen müsst. Gegenwärtig befindet sich die Mehrzahl der Menschen sozusagen in der Mitte und bemüht sich darum, diese „Leiter" hinaufzuklettern. Das ist es, was man Aufstieg nennt, und es gibt keine Instanz oder Wesenheit, die euch daran hindern könnte.

# Herzensöffnung – im geistigen Sinn

Vieles, was euch in den vergangenen Jahren mit der verstärkten öffentlichen Aufklärung über geistige/spirituelle/„esoterische" Gesetzmäßigkeiten erreicht hat, hat mit der sogenannten Öffnung des Herzen zu tun. Doch wie viele von euch haben wirklich verstanden, was damit gemeint ist? Sicher, eine – und wahrlich nicht schlechte – Sache ist es, dem (vor allem) christlichen Gebot der Nächstenliebe und Mildtätigkeit zu folgen. Oder sich in stetiger Bemühung um Verständnis und Vergebung anderen gegenüber zu befinden – auch nicht schlecht, sicher ein Schritt in die richtige Richtung und allemal besser als die Kultivierung von Rachsucht und Hass, die oft noch die Oberhand haben in eurer Gesellschaft. Aber ist es das, worum es wirklich geht bei der Herzensöffnung? Was meinst du? Spüre dem nach, bevor wir fortfahren.

Bei der Herzensöffnung im geistigen Sinn geht es um einiges mehr – ist dir das klar geworden? Wenn nicht, befindest du dich in bester Gesellschaft – im wahrsten Sinne –, denn die Gesellschaft der Menschheit steht erst am Beginn des Zeitalters, in dem dieses Verständnis wachsen wird. Die oben angeführten, momentan praktikablen Mittel für ein liebevolles, friedvolles Leben, in dem ein Mensch in der Lage ist, auch andere zu berühren, sind für die meisten von euch das, was im Moment möglich ist. Doch es ist immer noch eine Art Leben im Kampfmodus: Der tägliche Kampf um Beherrschung innerer Triebe und Regungen, der Kampf um permanente Präsenz und Wachsamkeit, damit nicht unbewusste Strukturen selbsttätig für dich agieren und du wieder einmal ungehalten bist, obwohl du es nicht möchtest. Es fordert Kraft und Energie, aus dem bewussten Entschluss heraus liebevoll zu sein, obwohl dich zum Beispiel jemand wie den letzten Dreck behandelt. Es verbraucht jede Menge Ressourcen, wahre Vergebung zu erreichen, wenn du tief verletzt wurdest. Warum ist das so? Weil das Leben noch nicht prinzipiell aus der Ebene des Herzens heraus stattfindet, und jene, die dieses versuchen, sozusagen Außenseiter sind, die gegen den Strom der Masse, der noch in die andere Richtung unterwegs ist, schwimmen müssen. Doch die Zeiten werden sich ändern, das ist gewiss.

Im Moment befinden sich die meisten Menschen noch auf der Ebene von Überleben, Einfluss und Machtgewinn mit allen daraus entstehenden Folgen. Doch je mehr von euch sich bewusst werden, dass dieses Spiel nun schon lange genug währt – und ihr braucht nur einen Blick in die euch bekannte Geschichte (von der unbekannten ganz zu schweigen!) zu werfen, um euch das eindrücklich zu bestätigen –, desto leichter wird es allen fallen, die Liebhaftigkeit zum Ausdruck zu bringen, die das Fahrzeug für die Öffnung des Herzens ist. Bei dieser sogenannten Öffnung geht es nicht etwa darum, dass etwas mit eurem physischen Herzen zu passieren hat – auch wenn körperliche Veränderungen wie die Vergrößerung der Thymusdrüse durchaus eintreten werden –, sondern um die Erhebung des Lebens im Allgemeinen auf eine neue Stufe. Energetisch gesehen geschieht das in eurem feinstofflichen Körper, der sich dann durch den physischen Ausdruck verleiht. Es gibt in diesem eurem Energiekörper – und ich fasse hier der Einfachheit halber mehrere Körperebenen unter dem Begriff Energiekörper zusammen – Blockierungen, Verschlüsse sozusagen, die verhindern, dass ihr euch sofort auf und davon macht in die lichten, leichten, freudigen Ebenen. Warum? Nun ja, das haben wir bereits besprochen.

Es ist die heilige Aufgabe des Menschen, das Leben durch Erfahrung zu erkennen und zu erweitern. Also musste ein Mittel her, um in diese Erfahrungswelt einzutauchen. Dummerweise habt ihr aber bei diesem eurem Abstieg in die dichteren Gefilde der Materie, wie sie sich auch im Irdischen ausdrücken, vergessen, dass es einen „Öffnungsmechanismus" gibt, den ihr jederzeit nutzen könnt, wenn ihr genug erlebt und erfahren habt. Und so kommt es, dass im Laufe der Zeit für die meisten das greifbare, physische Leben das einzige geworden zu sein scheint. Und was es für euch mittlerweile besonders schwierig macht, dieses zu verstehen, ist, dass ihr es verstehen wollt. Sprich, das, wovon ich hier spreche, ist nicht mit rationalen Gedankenwellenmustern zu begreifen, sondern nur über Spüren, Fühlen, Wahrnehmen, Wissen – weit jenseits emotionaler Empfindungen. So kommt es, dass es zwar einen scheinbaren Weg zur Befreiung, Erleuchtung – oder wie immer ihr es zu nennen beliebt – gibt, aber die wahre Erkenntnis immer nur in einem einzigen, nie wieder vergessenen Augenblick stattfindet.

Ich hoffe, ich habe euch genug verwirrt, auf dass ihr bereit dazu seid, konkreter zu werden. Wie nun kann für dich persönlich diese geistige Herzensöffnung am besten geschehen? Gestatte dir zunächst, zu hinterfragen, in welchen Lebensbereichen du deiner Meinung nach nicht aus dem Herzen heraus lebst. Meint: Schaue genau, wo, wann und in welchen Situationen du spüren kannst, was richtig und was unangemessen ist; wann du in der Lage bist, unhinterfragt leisen Impulsen zu folgen und wann nicht; schaue, wann es dir möglich ist, das Verhalten anderer neutral zu betrachten, ohne innerlich in die Wertung von Gut oder Schlecht zu gehen. (Beachte: Das bedeutet nicht, dass du alles richtig finden sollst, was du zu sehen bekommst!)

Mache eine Analyse mit dem Fühlen einer feineren, leichteren, und ja, auch lichteren Instanz als Indikator für deine Verhaltensweisen. Das heißt nicht, dass du bewerten sollst, ob du immer lieb und freundlich bist, sondern ob und wann es dir möglich ist, klar und meinetwegen auch laut und deutlich deine Meinung zu sagen und trotzdem im Fühlen, Wahrnehmen, Spüren deines eigenen leichten, lichten, friedvollen Herzens zu sein. Als zweiten Schritt befrage Menschen, die häufig mit dir zu tun haben, wann und wo du ihrer Meinung nach im Herzen bist und wann nicht. Mache ihre Aussagen nicht zum Absolutismus und diskutiere auch nicht mit ihnen darüber. Dich interessiert lediglich ihre subjektive Wahrnehmung, die dir wertvolle Hinweise liefern kann in Bereichen, in denen du einer gewissen Eigenblindheit unterliegst.

Dieses Vorgehen erfordert zugegebenermaßen eine gewisse Portion Mut von Menschen, die sich derartig abhängig gemacht haben von der Meinung anderer, wie ihr es in der Mehrzahl tut. Betrachte es also gleich als erste Übung für das wahre „Im-Herzen-Sein". Gelingt es dir, dir alles ruhig anzuhören und – ungeachtet aller emotionalen und mentalen Aufwallungen – im Gefühl der Achtung, Anerkennung und Wertschätzung dem anderen gegenüber zu verbleiben und ihm auch nicht nachzutragen, was er alles gesagt hat, hast du bereits eine sehr wertvolle Erfahrung gemacht. Gelingt es dir nicht, hast du einen weiteren entwicklungsbedürftigen Bereich entdeckt.

Du weißt nun, wie du dich selbst empfindest und wie dich andere wahrnehmen. Gut. Davon ausgehend machst du dich nun daran, jeden Tag etwas mehr dieser feinen Herzensqualität zu integrieren. Wie dir das auf einmal gelingen soll, wenn du es bisher nicht hattest, fragst du dich? Ganz einfach: Du musst darauf achten, mehr nicht. Du sollst nicht von heute auf morgen nicht mehr wütend werden, niemanden mehr anschreien oder auch dich selbst verfluchen – das wäre unmöglich, da ja alle deine unbewussten Muster, Prägungen und Programmierungen weiterhin tätig sind. Du sollst lediglich in all diesen Verquickungen dem feinen Klang deines innersten Herzens jenseits von Wut, Angst, Groll und Verzweiflung nachspüren. Und auch jenseits des Überschwangs und des Jubels. Er ist immer da, leise und stets im Hintergrund, und wartet geduldig darauf, durch Beachtung zutage gefördert zu werden, bis er eines Tages der vorherrschende Ton sein wird und alle Missklänge nur vorübergehende Hintergrundmusik. Das macht einen wahren Meister des Herzens aus: Er bewahrt sich selbst stets das Gewahrsein der Liebe, egal, was in ihm und um ihn geschieht. Das ist ein wahrhaftes Ziel und bei weitem nicht so unerreichbar wie manche Dinge, die in euren esoterischen Supermärkten feilgeboten werden. Versuche dich daran, alles andere wird von selbst folgen.

Ich weiß, dass es euch beständig mehr nach neuen Anleitungen und Versprechungen für schnelle, unglaubliche Resultate dürstet, anstatt mit solchen Dingen eure Zeit zu verschwenden. Leider kann euch aber diese Schritte niemand abnehmen, selbst wenn er es wollte. Kein lichtes Wesen kann herabschweben und euch euer Herz öffnen. Wohl aber können wir immer wieder Impulse und Hinweise geben und Situationen, in denen ihr bereit und empfänglich seid, nutzen, um euch tiefe Erfahrungen zu ermöglichen, die euch in eurem Streben anspornen.

Nun gut, hier eine Übung zur Erfahrung des inneren Herzens und der inneren Öffnung, die sich dann auch im Außen wiederfinden wird. Am besten lässt du dir die Anleitung von jemandem vorlesen oder sprichst sie dir auf ein Band. Oder noch besser: Findet euch regelmäßig in kleinen Gruppen (max. 10 Personen) zusammen und macht die vorgeschlagenen Erfahrungen gemeinsam. Bei jeder Zusammenkunft sollte jemand anderes die Übungen für die anderen anleiten. In diesen Gruppen könntet ihr auch gemeinsam die weiteren Texte in dieser Schrift Stück für Stück durchgehen und euch so die vielen verschiedenen Ebenen erschließen, die darin verborgen sind. Ich würde vorschlagen, immer nur eine Übung zu machen und einen Text zu lesen und sich dann darüber auszutauschen. Auch in den Texten sind diverse Übungen und Erfahrungen verborgen, die in der Gruppe sicherlich leichter zu verinnerlichen sind als allein. In diesen „Erwecke-die-Kraft-Gruppen" könnt ihr euch, wenn es euch gelingt, eine Atmosphäre des Vertrauens aufzubauen, wunderbar gegenseitig unterstützen.

Aber nun zur versprochenen Übung. Mache die folgende Meditation so regelmäßig wie möglich. Zu Beginn wird sie zirka 15 Minuten in Anspruch nehmen – wobei nichts dagegen spricht, sie auf eine halbe Stunde auszudehnen. Später, wenn dir die Wahrnehmungen und Empfindungen vertraut geworden sind, genügen auch 5 bis 10 Minuten. Mache bei jedem Absatz eine Pause von mindestens einer Minute, um wirklich spüren und fühlen zu können, was jenseits der Gedanken und Emotionen durchscheint. Es ist eine einfache, aber sehr kraftvolle Erfahrung – unterschätze sie nicht und auch nicht die Auswirkung auf dein tägliches Leben.

## Übung 5

*Suche dir einen Platz, an dem du die nächsten 15 Minuten definitiv nicht gestört wirst. Sitze entspannt mit geschlossenen Augen und beiden Füßen auf dem Boden. Konzentriere dein Bewusstsein zunächst auf den Bereich zwischen deinen Augen und atme einige Male tief ein und aus.*

*Sieh vor deinem geistigen Auge (oder fühle es), dass du in einer Pyramide aus Licht sitzt, die dich ganz umschließt. Das heißt, sie hat auch einen Boden. Lass die Pyramide entstehen. Jetzt. Verlagere, während du gleichmäßig tief atmest, deine Aufmerksamkeit auf das Herzzentrum deines physischen Körpers.*

*Achte nun darauf, was du hier empfindest. Atme tief und schaue. Halte die Präsenz/Aufmerksamkeit und beobachte. Was fühlst du? Was geschieht?*

*Die Pyramide ist noch immer da. Langsam beginnt es jetzt aus dem Zentrum deines Körpers heraus zu strahlen. Lass es geschehen. Frage dich, was dort strahlt. Achte auf die erste Antwort, den ersten Impuls. Sei wachsam. Beobachte. Lausche. Atme.*

*Nach einer Weile bemerkst du vielleicht, dass sich die Pyramide ganz mit deinem Licht, deiner Präsenz, deinem Sein, deiner Ist-Heit gefüllt hat. Denn das ist es, was dort strahlt.*

*Nun benötigst du die Pyramide nicht mehr, lass sie sich langsam auflösen. Sieh, wie sich das Strahlen aus dir heraus ausdehnt, weit, so weit du möchtest. Erforsche die Grenze deines Bewusstseins und mit ihm dieses Stahlen. Gibt es eine solche Grenze? Atme. Schaue. Lausche. Genieße.*

*Fokussiere dich nun wieder ganz auf das Herzzentrum deines Körpers. Sprich innerlich zu deinem Körper und deinen Zellen. Sag ihnen, sie mögen sich öffnen für die göttliche Präsenz, die sich nun als sich selbst erkannt hat. Du bist Leben. Sie sind Leben. Ihr seid eins im Leben. Atme. Schaue. Lausche. Genieße.*

*Hast du das Gefühl, es ist genug, dann richte deine Aufmerksamkeit wieder auf den Bereich zwischen deinen Augen und atme tief. Spüre deine Füße auf dem Boden. Öffne langsam die Augen. Atme. Schaue. Lausche. Genieße.*

*Ist die Präsenz noch da? Natürlich, wo soll sie sonst sein, es gibt keinen Ort, wo sie hingehen könnte. Sie ist immer und überall, in allem und jedem. Diese Präsenz bist du, und du bist Leben!*

*Vergiss nicht, Danke zu sagen, und beschließe die Meditation mit einem Gebet deines Herzens.*

Nach und nach wird es dir gelingen, die in der Meditation erlebte Präsenz und Gegenwärtigkeit in allen Verrichtungen des täglichen Lebens wahrzunehmen und aufrechtzuerhalten – und dann bist du bei der wahren, geistigen Öffnung des Herzens angekommen, die dich von allen Dramen und Irrtümern des Verstandes befreit und dich in die ruhigen Fahrwasser des Friedens der profunden Glückheit zu geleiten vermag, die jenseits der irdischen Vorstellungen liegt. Versuche es und bitte mich zu Beginn um Geleit, Führung und Unterstützung, und dir kann nichts geschehen außer Wohlgefühl.

## Geradlinigkeit als Leitfaden

Traurige Gestalten bevölkern diese Erde zu Hauf. Möchtest du dazugehören, oder ist es dir lieber, ein Botschafter der Freude, des Glücks und des liebenden Lebens zu sein? Es ist den Wesen, die meiner Bestimmungskraft zugehörig sind, eine große Freude, dich zu unterstützen, wenn du eine Entscheidung für Letzteres gefällt hast. Wir sind die Verkörperung der geistigen Werte der Freude und Erkenntnis, die aus dem Wissen um die All-Einheit allen Seins zwangsläufig erwächst. Auch in unseren Welten gibt es hin und wieder Ungemach – doch vergessen wir niemals den Blick auf das Große Ganze, der uns immer wieder in die Gegenwärtigkeit bringt. Auch für dich in deiner Erdenwelt ist das möglich, und zwar ohne große Anstrengung und Aufwand.

Viele Hilfsmittel wurden dir bereits angeboten, diese umzusetzen ist nun an dir. Wir stehen dir bei, solltest du in deinen großen und kleinen Dramen feststecken, doch den Impuls zum Beginnen, zum Aufraffen und Wollen kannst nur du alleine geben. Die Freude ist die Haupttriebfeder für alle Wesen, die es sich zur Aufgabe gemacht haben, die Lebendigkeit in all ihrer Tiefe zu erfahren. Erhaschst du einmal einen Blick auf das wahre Wesen der Wirklichkeit, wird auch dir nichts anderes übrig bleiben, als in Gelächter auszubrechen, das aus tiefer innerer Freude kommt.

Es ist nicht leicht, die Freude zu finden in all dem scheinbar Unverständlichen und Ungerechten, das du gewohnt bist, wahrzunehmen – das gebe ich wohl zu. Vieles hält dich gefangen und immer wieder ab, in diesen Brunnen zu tauchen. Komme in deinem Alltag immer wieder ins Fühlen, Schauen und Staunen. Das ist der einfachste Weg. Versuche nicht, nur über den Verstand zu gehen. Schönreden kann man sich die Erscheinungen der irdischen Welt nur für eine gewisse Zeit, darum soll es gewiss nicht gehen. Unser Anliegen ist es, dich in die Tiefen zu führen, von denen all eure Mystiker und Weisen immer wieder gesprochen haben.

Im weiteren Verlauf dieser Schrift wirst du noch viele Anregungen bekommen; die Dinge aus unterschiedlichen Blickwinkeln betrachten können. Gestatte dir, die Texte wirklich durchzuarbeiten und nicht nur zu lesen. Fühle den Aussagen nach. Lies bis zum Ende und fang wieder von vorne an. Viele Aussagen sind provokativ und ungewöhnlich und stellen die Akzeptanzfähigkeit deines Verstandes auf eine harte Probe. Traue dich. Ich ermutige dich dringend – für ein wirklich glückliches Leben ist es unabdingbar, dass du die Gesetzmäßigkeiten durchschaust und einen distanzierten Blick auf deine Erlebnisse bekommst. Du bist nicht das, was geschieht. Du bist nicht das, was du denkst. Du bist nicht das, was du fühlst. Du bist nicht das, was du siehst. Du bist nicht das, was du hörst. Du bist nicht das, was du schmeckst. Du bist nicht das, was du riechst. Du bist nicht das, was du erfährst. Du bist nicht Körper. Du bist nicht Seele. Du bist nicht Geist. Du bist die Essenz all dessen!

Dein wahres Sein ist jenseits all dessen, was du im Moment wahrnehmen kannst und was du zu sein glaubst

– auch in deinen wunderbaren spirituellen Erfahrungen –, dass du dich dem nur in Metaphern, Gleichnissen und Stück für Stück anzunähern vermagst. Widerfährt dir – was sehr selten passiert – ein plötzliches Erwachen in die Wahrheit, ist das ein radikaler Einschnitt in das von dir als dein wahrgenommenes Leben und sehr schwer zu verkraften und zu integrieren. Sei also froh an der „Arbeit" und dem „Weg", der vor dir liegt, und vertraue auf die Unterstützung aus den geistigen Welten, wie immer du dir diese vorstellst und welchen Zugang du auch immer dazu bekommst. Freude ist der einfachste Torweg, der sich dir bietet. Halte in all deinen Verrichtungen Ausschau nach ihr. Nach einer Freude jenseits jeglicher Überschwänglichkeit und Turbulenz. Die Freude, die dich zu geleiten vermag, ist der Stille sehr nahe und dringt wie ein sanftes Plätschern durch all dein Sein. Geradlinigkeit in deinem Denken, Fühlen und Tun ist dann der zwangsläufige Ausdruck dieser Freude. Jemand, der der Freude habhaft geworden ist, wird nicht mehr in der Lage sein, sich zu verbiegen und faule Kompromisse zu machen, da es sofort die innere Freude überdecken würde. Benutze das als Leitfaden, verwechsele die stille Freude jedoch nicht mit der Begeisterung beim Entdecken eines neuen, vielversprechenden Ziels.

Du meinst, um friedvoll in der Welt agieren zu können, sei es notwendig, hin und wieder Dinge zu tun, die nicht voll von deinem Wollen getragen sind. Das ist richtig – jedoch nur bis zu einem gewissen Grad. Führt es dazu, dass du ein Leben führst, das nicht das deine, sondern das anderer ist, verlierst du deine eigene Geradlinigkeit und damit die Freude – und den Kontakt zu deinem Wesen. Du verfängst dich in Illusionen und Wünschen. Da die inneren Triebkräfte mit diesem Zustand nicht auf Dauer leben können, erzeugen sie Wunschträume und Scheinwelten, und über kurz oder lang wirst du nicht mehr spüren können, wie lebendig und wach du selbst bist – von Freude gar nicht erst zu sprechen. Schaue also, in welchen Bereichen deines Lebens es dir möglich ist, zu deinen inneren Wahrheiten zu stehen, ohne auf großen Widerstand im Außen zu stoßen. In diesen Bereichen wird es dir auch viel leichter fallen, die innere Freude zu finden. Wo ist das nicht möglich, wo weht ein harter Gegenwind? Und wie steht es in diesen Bereichen mit deiner Freude? Mache eine ehrliche Analyse, und du wirst mir zustimmen, dass Geradlinigkeit, gekoppelt mit innerer Freude, ein guter Wegweiser ist.

Glaube mir, es ist nicht abhängig von der Art der äußeren Situation. Entspricht etwas, auch wenn es von außen betrachtet noch so hart erscheinen mag, den Resonanzen deines Wesens, wird die Freude da sein – auch in scheinbar ausweglosen oder gar tödlichen Situationen. Der Schlüssel liegt im Vollbringen der inneren Entschlüsse. Diese sind nicht immer konform mit den Wünschen des äußeren Ichs, und ich ermutige dich, mehr und mehr still zu lauschen, wo Freude bemerkbar ist – und sei sie auch noch so zart. Es ist möglich, diese Art der Freude in Krankheit und Verlust nachzuspüren, genauso wie im

Vollbringen scheinbarer Wunder oder im Gewinn. Sie ist unabhängig und frei von Konventionen und Denkschablonen. Das erscheint dir im Moment ein Ding der Unmöglichkeit und paradox, doch glaube mir: Es gab und gibt immer wieder Menschen, die dieses Geheimnis entdeckt haben und deren unerschütterliche Gewissheit, dass alles seine Richtigkeit hat, so, wie es ist, häufig viele andere zum Nachdenken angeregt hat.

Wir sind in großer Freude, dir beizustehen, da du dich aufgemacht hast, das Leben zu erkunden und dir vollständig zu eigen zu machen. Das Erwachen in die eigene Kraft – die dann keine persönliche und individuelle mehr ist – ist ein wunderbarer Augenblick in der Geschichte der Menschheit bei jedem Einzelnen, dem es geschieht. Es geschieht. Es geschieht. Wird nicht gemacht, getan, gedacht. Es geschieht, wenn all dein Sein dafür bereit ist. Wir danken dir, dass du uns gestattest, dich ein Stück weit dabei zu begleiten und dir behilflich zu sein. Es ist uns eine Ehre, bei dir zu sein, dich zu spüren und zu fühlen und deine Bemühungen zu segnen. Mit jedem Erkennen werden auch wir ein Stück mehr Ganzheit, und dafür lieben wir dich. Danke, dass du da bist, wo du bist, und danke, dass wir mit dir sein dürfen.

Ich bin Maitreya. Fürchte dich nicht vor dem, was du vielleicht über „mich" liest, hörst oder siehst. Ich bin ein Diener des Lebens, der Freude und der Lebendigkeit, und viele Wesenhaftigkeiten stehen an meiner Seite, um der Menschheit in dieser aufregenden und einmaligen Zeit der linearen Geschichte beizustehen. Ich gehöre keiner richtenden oder strafenden Instanz an, wie manche meinen, sondern bin der demütigste Diener des Lebens in seiner Ganzheit und Entfaltung, dem es in seinem Sein ein unabdingbares Bedürfnis ist, der Liebe als reinem Ausdruck des wertfreien, sich selbst erfahrenden Lebens in seinem gewordenen Ausdruck Inspirator und Erwecker zu sein.

Die Kraft ist da, wo du bist – suche sie nicht in fernen Welten und fernen Meistern. Genieße das Leben, das du selbst in deiner Entfaltung bist, ganz und mit allem, was dir zur Verfügung steht, und du wirst immer sicher geleitet, geführt und schlussendlich von allen scheinbaren Ketten und Mauern befreit sein. Ich freue mich mit dir auf diesen Augenblick und stehe dir allezeit bei. Getragen von der inneren Gewissheit des Geführt- und Geleitet-Seins mögest du immer freudig und lebendig sein. Danke, dass du bereit warst, dich darauf einzulassen, was ich mit dir teilen mochte. Setze es um, und dein Leben wird ein Fest sein. Das ist mein Versprechen an dich.

# Teil II

## Einleitung

Im zweiten Teil dieses Aufrufs, die eigene Mitte und Kraft zu erkennen und zu finden, werden Sie mit unterschiedlichen inspirierenden Kräften Bekanntschaft machen. Aufgestiegene Meister kommen ebenso zu Wort wie Elementarkräfte, die wir eher dem Naturreich zuordnen, als auch Wesenheiten, für die wir – noch – keine Schublade oder Bezeichnung gefunden haben und die sich einfach nur „Hüterwesen" nennen. Es ist nicht nötig, dass Sie mit den aufgeführten Namen etwas anfangen können oder etwas über die dahinter stehende Wesenheit wissen. Die speziellen Schwingungen und Kräfte, die aus diesen verschiedenen Quellen zu uns strömen, vermitteln sich über den tieferen Gehalt der Texte – auch und vor allem jenseits der Worte – und bedürfen keiner Namen.

Anscheinend stehen die einzelnen Texte thematisch isoliert und betrachten verschiedene Gegebenheiten des menschlichen (Er-)Lebens – es findet sich jedoch in allen der gemeinsame Nenner, den Leser in die Schönheit und Vielfalt eines selbstbestimmten, wahrhaft bewussten Lebens zu führen, das frei ist von den Verzerrungen und Illusionen, die oft hinderlich wirken. Lassen Sie sich ein auf diese Geschenke und die Worte auf sich wirken – viele Ebenen erschließen sich gewiss nicht beim ersten Lesen. Und so möchte diese Lektüre auch über längere Zeit ein Begleiter sein auf Ihrem ureigenen Weg der Erkenntnis und Bewusstwerdung.

# Veränderung beginnt bei dir (Meister Konfuzius)

Trage dazu bei, die Welt nach und nach zu einem freundlicheren Ort zu machen, als sie es bisher ist. Gelingt es dir, Abstand von der Vorstellung zu nehmen, du wärst ohnmächtig angesichts all des Unguten und der Zerstörung, die im Moment geschehen, kannst du viel mehr bewirken als du glaubst.

Es liegt natürlich nicht in der Macht des Einzelnen, globale Zustände im Alleingang zu verändern, doch jeder kleine Schritt in die richtige Richtung ist ein Fingerzeig der Hoffnung, dass die Menschheit sich besinnt und dem kompletten Untergang – der bei eurem heutigen technologischen Stand durchaus möglich ist – entgeht. Viele kleine Stücke eines Puzzles im richtigen Zusammenspiel geben erst das ganz Bild. Genauso wird die Revolution, die in vielen Bereichen des irdischen Lebens und Denkens dringend nötig ist, geschehen: von innen heraus, in ihrer eigenen Zeit. Natürlich braucht es immer wieder einige mutige Seelen, die Vorreiter sind und wagemutig entgegen dem Mainstream in der Öffentlichkeit auftreten und Missstände anprangern oder visionäre neue Projekte der Verwirklichung entgegenbringen. Doch für die Mehrzahl der Menschen genügt es, mehr und mehr den eigenen Verstand einzusetzen und sich von den destruktiven Einflüssen des Kollektivbewusstseins zu befreien. Erst dann sind auch wirklich autarke Entscheidungen in allen Bereichen möglich.

So lange du beeinflusst bist von dem, was die Masse denkt und tut, verlierst du das Gespür für deine wirklichen Bedürfnisse, was dir guttut und in welcher Form du es dir zuführen solltest. Und wenn du nicht deine eigenen Bedürfnisse erfüllst, sondern die des Kollektivs, führt das unweigerlich zu dem, was du heute überall beobachten kannst: Die Menschen sind nicht in der Lage, offensichtliche Ungereimtheiten zu hinterfragen oder glatte Lügen aufzudecken, da sie diese in ihrem zufriedenen Halbschlaf gar nicht erst wahrnehmen. Es wird brav geschluckt, was die (Massen)Medien vorkauen und die Werbeindustrie diktiert. Und da dies natürlich unbefriedigend ist für die Seele und den wachen Geist, der nach Entfaltung strebt, wird dieses Unbehagen mit allem Möglichen überdeckt. Es ist bequemer, sich zu betäuben, als nachzudenken und aufzuwachen. Viele von euren heutigen Lebensgewohnheiten wären so nicht länger hinnehmbar, würdet ihr genau hinschauen, was nötig ist, um euch diese Bequemlichkeiten zu verschaffen. Aber lieber nicht genau nachfragen, dann brauche ich auch keine persönlichen Konsequenzen zu ziehen. Das ist noch vielfach der Stand der Dinge, vor allem in den westlichen, sogenannten zivilisierten Ländern.

Aber was wäre, wenn plötzlich viele Menschen darauf verzichten würden, Dinge zu kaufen, die nachweislich ihrer Gesundheit schaden? Was wäre, wenn plötzlich niemand mehr Getränke und Speisen in Plastikverpackungen haben wollte, weil sie erkannt haben, was es der Umwelt antut? Was wäre, wenn sich plötzlich viele darauf besinnen würden, was von der Natur vorgesehen ist, und regionale und saisonale Produkte bevorzugten? Was wäre, wenn sich die Menschen zusammentun würden, um gemeinsam nur noch unbedingt nötige Fahrten mit dem Auto zu unternehmen, weil sie wissen, was die Biospritproduktion mit dem Lebensmittelmarkt und dem Urwald zu tun hat und der exzessive Ölverbrauch anrichtet? Was wäre, wenn die Menschen sagen würden: Ich mache so lange im eigenen Land Urlaub, bis es eine Alternative zu der momentanen immensen Emission der Flugzeuge gibt? Was wäre, wenn sie alte traditionelle Essverhaltensweisen über Bord werfen könnten und sich überwiegend vegetarisch ernährten, weil ihnen bewusst geworden ist, was die Tierproduktion (was muss es für eine Gesellschaft sein, die sich anmaßt, Tiere zu „produzieren") für die Umwelt und den Lebensmittelweltmarkt bedeutet?

Meinst du nicht auch, dass durch alle diese kleinen Entscheidungen, die einzelne Menschen treffen, sich etwas grundlegend verändern müsste und würde? Was also ist der Hinderungsgrund? Trägheit. Schlicht und ergreifend Trägheit. Das ist eine der größten Geißeln der Menschheit und wurde nicht umsonst schon in alten Schriften quasi verdammt. Nur Trägheit und Sorge um die eigene Bequemlichkeit veranlassen Menschen zu solch unbedachten Verhaltensweisen, wie sie heute als normal gelten. Jede halbwegs erwachte Zivilisation, die euch sehen könnte, würde ungläubig mit dem Kopf schütteln angesichts solcher Ignoranz und Blindheit.

Natürlich gibt es schon lange Mahner und Weise, die die jetzigen Umstände längst haben kommen sehen. Doch noch ist die Menschheit anscheinend nur in der Lage, über das Durchleben von Katastrophen zu lernen, anstatt vorausschauend zu denken und zu planen. Wir haben berechtigte Hoffnung, dass sich das in absehbarer Zukunft ändern wird und immer mehr Menschen diese Zustände nicht länger hinnehmen. Jeder Einzelne leistet seinen Beitrag dazu, dass das Puzzle ein erbauliches Bild ergeben wird.

# Über das Wesen von Karma (Meister Konfuzius)

Karma verstehen bedeutet, sich dessen bewusst zu sein, dass kaum eine Handlung aus dem bewussten, intellektuellen Verstand, getragen von rationalen Lösungen, geboren wird. Vielmehr sind jeder Gedanke und jede Tat das Resultat der vorherigen Entscheidungen in allen Lebensbereichen. Jede einzelne deiner Entscheidungen im täglichen Leben verändert den Lauf deines Lebensflusses.

Karma, in diesem wahren Sinn verstanden, hat keineswegs damit zu tun, dass du angetreten bist, alte Schulden zu bezahlen oder etwas wieder gutmachen zu müssen – genauso wenig, wie es darum geht, sich nun anzustrengen, hilfreich und liebevoll zu sein, um in anderen Leben die Ernte einfahren zu können. Die Entscheidungen, die – aus der Seelenebene getroffen – deinem jetzigen Leben zugrunde liegen, sind vielfältig und komplex und nicht mit solch einfachem, fast naivem Schema zu erfassen. Karma bedeutet, dass es keine Handlung – und dazu gehören nun einmal auch Gedanken und Gefühle – gibt, die nicht eine Auswirkung auf den weiteren Verlauf deines Erlebens hätte. Sicher sind die Ausprägungen dieser Auswirkungen verschieden, doch vorhanden sind sie immer.

Was bedeutet das nun für dich? Bist du nun doch wieder ein hilfloses Opfer des Schicksals in Form deiner dir nicht bekannten Bestrebungen und Triebe? Mitnichten – viele hilfreiche Instrumente zur Erforschung eben dieses Unbekannten findest du unter anderem in den Ausführungen und Hinweisen dieser Schrift – dir eröffnet sich hingegen mit diesem Bewusstsein ein neues Feld der Erkenntnis. Hast du dieses Wissen verinnerlicht, wird es dir mit einiger Übung gelingen, die Erlebnisse deiner Jetztzeit auf dein Wirken in der Vergangenheit zurückzuführen. Bedenke jedoch, dass die Dichte der materiellen Welt eine gewisse Verzögerung bewirkt, sodass die Auswirkungen natürlich nicht unmittelbar eintreten. Mit zunehmender Verfeinerung beziehungsweise Schwingungsanhebung deiner selbst wird diese Zeitspanne immer kürzer werden.

Der Bereich, in dem du diese Auswirkungen am besten und unmittelbar beobachten kannst, sind die Wechselwirkungen zwischen Gedanken und Gefühlen. Gestattest du dir an einem Tag, einen „miesen" Gedanken, der in dir aufgrund vielleicht äußerer Umstände aufsteigt, weiter zu spinnen und zu vertiefen, wird es nicht lange dauern, und du wirst dich richtig schlecht fühlen, unabhängig davon, wie es dir vorher ging. Treibst du dieses Spiel dann noch weiter, vielleicht weil du nicht einmal bemerkst, in welchen Strudel du zu versinken drohst, wird es nicht lange dauern, und du sagst oder tust etwas, was du zu anderer Zeit nicht tun würdest. Das hat dann bereits Auswirkungen über dein momentanes Befinden hinaus und greift formgebend in deine Zukunft ein.

Stell dir vor, in der trüben Stimmung, in der du dich nun befindest, kommt jemand zu dir mit der Bitte um einen Rat. Gereizt, wie du bist, wimmelst du ihn ab oder machst einen vorschnellen ungeprüften Vorschlag. Was wird geschehen? Der- oder diejenige wird, abhängig von seiner eigenen Stimmung, wiederum Entscheidungen treffen, die dich und ihn/sie beeinflussen. Vielleicht fühlt er/sie sich gar gekränkt, und die Beziehung zwischen euch ist auf Dauer verändert. Oder er/sie vertraut deinem Urteil, ohne zu merken, „wie du drauf bist", und trifft eine Entscheidung, die sonst eventuell anders ausgefallen wäre.

Wird euch angst und bange bei diesen Gedanken? Findet ihr es unangenehm, zuzugeben, dass es so sein könnte? Was fängt man nun mit so etwas an? Ich möchte euch ermuntern und nicht verstören. Diese Ausführungen dienen dazu, dir klar zu machen, dass du der Mittelpunkt der Welt bist. Es geht gar nicht anders. Aus deiner Sicht gesehen, bist du der Nabel der Welt, und alles dreht und wendet sich um dich. Ist das nicht wunderbar und ehrfurchtgebietend? Werde dir deiner Größe und Macht wieder bewusst – darum geht es und um nichts anderes. Diese Macht jedoch erwächst nicht aus den Manipulationsversuchen und Unterdrückungstendenzen, wie es meistens noch der Fall ist, sondern aus dem vollkommenen Verstehen der Wirkmechanismen des irdischen Lebens.

Hört auf, euch gegenseitig Vorwürfe zu machen, und beginnt, dem Leben in seiner Entfaltung vollständig zu vertrauen – in der Gewissheit, dass ihr in jedem Augenblick das euch Bestmögliche tut. Das ist der Anfang. Und dann schaue, dass du deine Gedanken und Handlungen weitestgehend den Impulsen und Hinweisen deines Inneren anpasst, die versuchen, sich beständig zu dir durchzuarbeiten. Das ist der sicherste Wegweiser, um im Einklang zu sein mit der Gnade und der Schönheit, die für dich vorgesehen sind. Das fühlt sich jetzt wie ein Widerspruch zu den Gedanken über das Wesen des Karmas an, die wir vorher angesprochen haben? Schaue genau: Ist es wirklich so, oder haben wir nur eine tiefere Schicht/Ebene erreicht?

Wie verhält es sich in Bezug auf „Karma" nun mit dem, was du als vergangene Leben mitunter wahrnehmen kannst? Diese Bilder, Empfindungen, Gefühle sind reale Abspeicherungen in deinen feinstofflichen Körpern und Energiezentren – sie bedeuten jedoch nicht zwangsläufig, dass du ein entsprechendes Leben gehabt hast, und schon gar nicht, dass dieses Leben das eines bestimmten, vielleicht kollektiv bekannten Menschen war. Vielmehr findet sich in deinem Seelenplan die Resonanz zum Erfahren-Wollen bestimmter Bereiche und Erkenntnisse, und so wählst du – in deinen höheren Seinsaspekten – die entsprechenden Muster aus der unendlichen Vielzahl aus. Im Irdischen können diese sich dann nur über Bilder, starke Empfindungen und anscheinende Erinnerungen ausdrücken. Das ist alles. Mehr als genug, wie ich finde!

Was bedeutet das im Hinblick auf Karma? Als Erstes natürlich, dass jede Form von Reue und Schuldgefühlen angesichts anscheinend vergangener Verfehlungen unangebracht ist. Und als Nächstes, dass es nicht darum geht, genaue Einzelheiten zu ergründen, sondern ein Muster zu erkennen und dieses entweder in sich zu erlösen, indem es angeschaut und akzeptiert wird, oder aber es sich zu eigen zu machen, indem man es vollkommen durch Fühlen integriert. Was bedeutet das genau und praktisch? Findest du bei dir Verhaltensmuster, die sich nicht aus deinem jetzigen Erleben rekonstruieren lassen, ist es möglich, dass du auf eine Erfahrungsresonanz gestoßen bist, die du in dieses Leben mitgebracht hast, um sie im Physischen zu durchlichten. Dann schaue genau hin, was die Essenz dessen ist; denke und spüre ihr genau nach – häufig handelt es sich um elementare Themen der Angst oder des Vertrauens, die in verschiedenen Verkleidungen auftreten können.

Was ist mit den mitunter auftretenden, unerklärlichen Vertrautheitsgefühlen zu bis dahin unbekannten Personen? Resultieren diese nicht aus sogenannten karmischen oder seelischen Bekanntschaften? Das gilt es zu unterscheiden. Es gibt durchaus so etwas wie Seelengruppen, die sich gemeinsam auf den Weg gemacht haben und immer wieder auf den unterschiedlichsten Ebenen zusammenfinden, um gemeinsam zu lernen und zu wachsen. Doch die als karmisch bezeichneten Begegnungen resultieren in den meisten Fällen nur aus gemeinsamen Resonanzen zu bestimmten Themen, die sich euch dann in der linearen Verarbeitungsmöglichkeit eurer irdischen Strukturen als vergangene Leben präsentieren. Es spricht nichts dagegen, es so zu sehen, so lange es für euch hilfreich ist. Verfallt jedoch nicht darauf, ihr müsstet ein „vergangenes Leben" in dem jetzigen mit der entsprechenden Person fortsetzen – weil es so schön „war" oder es noch etwas auszugleichen gäbe. So funktioniert das nicht, wie ich bereits wiederholt gesagt habe. Ihr versucht im Zuge der doch recht schnellen Öffnung für das Verständnis dieser Dinge, alles in recht einfache, verstehbare Strukturen zu pressen – das wird jedoch der Komplexität und Vielfalt nicht gerecht. Sicher, auch wir Wesen der lichten Reiche sprechen als Person mit entsprechender Vergangenheit zu euch und erwecken mitunter den Anschein von Jetzt und Damals – im Gegensatz zu euch wissen wir jedoch, dass es so nicht ganz zutreffend ist. Wie ließe sich jedoch das zu Sagende anders vermitteln?

Karma ist ein Resonanzmuster, das in deinem Leben Erfahrungen schafft, und in jedem Augenblick kreierst du in diesem Sinne neues Karma. So ist das Leben, und es ist gut so. Befreie den Begriff von allem anhaftendem „Oh mein Gott, wie furchtbar!", und dir wird sich das Geschenk darin von selbst erschließen.

Traue dir zu, die Wurzel der Veränderung zu sein, die du in deiner Welt zu sehen wünschst. Der Frieden, der in dir daraus erwachsen wird, nicht länger abhängig zu sein vom Wohlwollen und Verhalten anderer, ist immens und jede Mühe wert. Doch dein Leben soll nicht von Mühsal geprägt sein – lass vielmehr alle Weisheit, die dir bereits zu eigen ist, an die Oberfläche treten und die Führung und das Geleit des Fahrzeugs deines Daseins übernehmen – Freude und Zuversicht werden mehr und mehr zu deinem Begleiter werden, wenn du dir es gestattest. Ich helfe dir gerne dabei.

## Gehe deinen Weg in Schönheit und Freude (Saturn)

Traue dir zu, selbst zu wissen, was gut für dich ist! Ihr seid es gewohnt, Regeln und Richtlinien stur zu befolgen, das liegt seit unzähligen Generationen in der Natur vor allem der westlich geprägten Menschen. Es ist nun an der Zeit, dass Diktaturen in allen Bereichen eures Lebens zusammenbrechen, da immer mehr Menschen nicht länger bereit sind, sich dominieren und drangsalieren zu lassen. Das ist gut so, und doch wird dieser Prozess der persönlichen und kollektiven Befreiung nicht ganz schmerzlos über die Bühne gehen können. Zu stark sind noch die Strukturen der Gewohnheit und der individuellen Verstrickungen, als dass sie von heute auf morgen verschwinden könnten. Langsam jedoch seht ihr die Dämmerung eines neuen Morgens – freut euch darauf.

Was kann der Einzelne tun, um diese Wandlung hin zu einer Welt der Kooperation und der Ausgeglichenheit zu unterstützen? Traue dich, deine Meinung zu sagen, ohne sie anderen mit Gewalt vermitteln zu wollen. Stehe zu deiner inneren Wahrheit, ohne Angst vor Verleumdung oder Repressalien. Suche dir Gleichgesinnte, die es bevorzugen, miteinander auf konstruktive Weise Lösungen für anstehende Probleme zu finden, anstatt die Verantwortung an Machthaber und anscheinend übergeordnete Instanzen abzugeben. Traue dir zu, etwas zu sagen zu haben – laut und öffentlich. Ihr lebt noch zu sehr das Duckmäusertum, und es sind nur wenige, die es wagen, neue Wege einzuschlagen. Doch diesen neuen Wegen wird die Zukunft gehören. Sicher, nicht alle können Vorreiter sein, und das ist auch gar nicht nötig. Aber wenn die wenigen keine Unterstützung bekommen, stehen sie auf verlorenem Posten, und wertvolle Chancen für eine strahlende Zukunft zerrinnen.

Nicht alle Ideen sind es wert, wirklich umgesetzt zu werden, und auch im Beschreiten dieser neuen Wege wird es immer wieder zu Versuch und Irrtum kommen – viel schlimmer ist es jedoch, erst gar nichts zu unternehmen und im alten Trott zu verharren, in der Hoffnung, dass es andere richten oder es irgendwie von alleine besser wird. Das ist ein Aufruf zum Handeln – aber nicht blindes Vorwärtsstürmen und Veränderung aller Bereiche um jeden Preis ist das Gebot der Stunde, sondern besonnenes Erspüren des Möglichen und Passenden. Viele geistige Kräfte haben es sich zur Aufgabe gemacht, der erwachenden Menschheit dabei zur Seite zu stehen, doch sind es noch immer zu wenige, die sich trauen, sich diesen Impulsen zu öffnen.

Wir raten gewiss nicht ab von Vorsicht im Umgang mit den euch unsichtbaren Wesen, doch Angst macht es uns nahezu unmöglich, kraftvoll zu euch durchzudringen. Es ist nicht verwunderlich, dass diese noch so tief in euch steckt – wurde euch doch viele Zeitalter eingeredet, ihr wärt unwürdig und sündig und es nicht wert, im direkten Kontakt mit der göttlichen Quelle zu stehen. Viel zu lange schon habt ihr Priester und Machthaber akzeptiert, die euch weismachen wollten, es bedürfe eines Vermittlers. Ihr habt eure eigene Kraft und Macht an sie abgegeben und so die Arroganz und Anmaßung dieser Kaste (im Sinne von Gesellschaftsschicht) bis zur Unendlichkeit aufgebläht. So ist es nur natürlich, dass immer mehr Menschen das Vertrauen in die politischen und religiösen Führer verlieren. Es ist nicht länger verantwortbar, anderen zuzugestehen, über das eigene Leben zu dominieren, und das merkt ihr langsam.

Wir freuen uns mit euch über dieses Erwachen und sehen mit Freude, wie viel potenziell gefährliche Situationen in eurem Weltgeschehen ihr bisher schon in konstruktiver Weise zu lösen in der Lage wart. Wir ehren jene Menschen, die sich dazu bereit erklären, in diesen Situationen an vorderster Front zu stehen und dort mitunter ihr Leben zu lassen. Das betrifft – sicher zu eurem Erstaunen – die Menschen an beiden „Fronten". Ja, auch jene, die scheinbar ausziehen, um Gewalt zu säen und Chaos zu stiften, sind geliebt und geachtet. Sie erweisen dem Kollektiv der Menschheit einen großen Dienst und haben häufig die schwerere Aufgabe gewählt. Wie wohl solltet ihr entscheiden können, dass ihr euch in gleichen Situationen heute anders verhalten möchtet als noch vor 60 Jahren, wenn es solche Situationen nicht gäbe? In einem Status ohne Konfrontation kann eine Gesellschaft nicht entscheiden, in welche Richtung sie gehen möchte. Schaut in eurer Geschichte nach, und ihr werdet immer wieder Beweise für den Wahrheitsgehalt dieser Worte finden.

Die Kräfte von Saturn stehen dir zur Verfügung, um deine ureigene Verbindung zu den geistigen Ebenen zu unterstützen und aufrechtzuerhalten. Du kannst um Hilfe bitten in allen Situationen, in denen du dich von Kräften, die nicht zu dir gehören, dominiert und drangsaliert fühlst. Wir können deine Ätherkraft stärken, indem wir lichtvolle Strahlung in dein Energie- und Meridiansystem einfließen lassen. Es genügt, wenn du aus der Gewissheit heraus, dass wir für dich da sind, die Bitte dazu äußerst und dann in innerer Stille verweilst. Im Getöse vieler Aktionen fällt es uns schwerer, die Feinheiten deines Systems angemessen zu regulieren. Wenn du dich in anstrengenden Situationen befindest oder befunden hast, mache es dir zur Gewohnheit, dich auf unsere Kräfte auszurichten, und die Mühsal wird von dir abfallen. Natürlich können wir dich nicht von Strukturen und Mustern befreien, die noch eine Aufgabe für dich bergen, das weißt du sicherlich, doch wir tun alles in unserer Macht Stehende, um dich zu unterstützen.

Die Freude an der Entfaltung des Lebens ist einer der Garanten dafür, dass du nicht immer wieder in Situationen gerätst, die dich energetisch und psychisch belasten. Du bietest dann erstens keinen Nährboden mehr für Anhaftungen niedrigerer Schwingungsmuster, und zweitens wirst du immer weniger von Gegebenheiten angezogen (beziehungsweise zu solchen hingeführt), die nicht der Freude dienen. Deine Umwelt wird sich sicher nicht sofort ändern durch deine Entscheidung, die Freude und die Leichtigkeit zu bemerken und zu leben, aber du wirst es tun. Und wenn du anders bist, ist auch dein Erleben anders, selbst wenn die Umstände die gleichen bleiben. Setze also nicht zuerst im Äußeren an, sondern im Inneren. Die Menschheit versucht seit Tausenden von Jahren vergeblich, die Umstände anzupassen, in der Hoffnung, dass sich dann das Leben ändert – wende dich um und beschreite einen neuen Weg, denn das ist das Heilmittel, nach dem ihr sucht.

Ergreifst du diese Chance, kannst du dir der Unterstützung aller himmlischen Mächte sicher sein. Speziell die Kraft der Saturn-Energie ist dir ein wertvoller Wegweiser, gewöhnst du dir an, in Ruhe den Impulsen der Wahrhaftigkeit nachzuspüren, bevor du zur Tat schreitest. Jede planetarische Kraft weist eine spezielle Qualität auf, die ihr euch zunutze machen könnt. Das hat weniger mit der Materie des entsprechenden Himmelskörpers zu tun, als mit der geistigen Kraft, die ihn beseelt. Verbinde dich gedanklich und über die Spürkraft deines Herzens mit der Kraft des Saturns, und du wirst mit ein wenig Aufmerksamkeit und Sensibilität spüren können, wo in deinem System Resonanz ist. Es ist möglich, in Einstimmung auf die Kräfte der Planeten, das eigene System auf das Feinste zu justieren. Verwechsle diese Bewusstseinsfelder jedoch nicht mit den euch geläufigen astronomischen Deutungen – diese berühren meistens nur einen kleinen Aspekt der Möglichkeiten und lassen die geistigen Impulse fast außer Acht. Die Kraft von Saturn kann dir in allen Situationen helfen, die Entscheidungen erfordern und richtungsweisend für deinen weiteren Weg sind.

Folgst du den leisen Impulsen aus den geistigen Ebenen deines Selbst, oder ziehst du es vor, den Einflüsterungen des separierten Verstandes Gehör zu schenken? Die Beantwortung dieser Frage ist der Scheideweg deiner Entwicklung und führt zur Öffnung zu den höheren Ebenen oder zum Verschließen dieses Zugangs. Du hast jederzeit die Wahl, niemand wird dich drängen oder schelten. Lerne, dir selbst zu vertrauen! Du hast das Recht, deine Großartigkeit und Schönheit in Anspruch zu nehmen. Hab keine Angst, Stolz und Eitelkeit zu nähren – die innere Größe und Schönheit bedürfen keiner äußeren Anerkennung anderer. Nur du musst darum wissen – dann überträgt sich diese Gewissheit als ein Ausdruck wahrer Macht ohne Worte auf andere und erlaubt es ihnen, auch dieses Recht in Anspruch zu nehmen. Das ist Vorbedingung für ein kollektives Feld der Harmonie und Gleichberechtigung – erst wenn es keine niederen und höheren „Ränge" mehr gibt, werden auch die Kämpfe um die Vormachtstellung aufhören.

Das meint nicht, dass alle hierarchischen Organisationsstrukturen fallen sollen, sondern es geht um die innere Einstellung der Menschen zueinander. Es ist durchaus möglich, dass jemand der Chef ist und mehr Verantwortung und Entscheidungsgewalt hat als andere, ohne dass er sich diesen überlegen fühlt. Auch die geistigen Welten sind bis zu einem gewissen Grad so aufgebaut – was nicht heißt, dass irgendjemand weniger wäre als ein anderer. Wenn ihr das verstanden habt und es in allen gesellschaftlichen Kontexten Einzug gehalten hat, ist der Weg frei in eine strahlende Zukunft des Friedens, der Harmonie und der ungeahnten Möglichkeiten für jeden Einzelnen im vollkommenen Einklang mit der Natur und allen Geschöpfen. Trage dazu bei, wir unterstützen dich gerne.

## Fülle ist Weisheit, und Weisheit ist Fülle
## (Lakshmi Devi)

Beginnst du zu verstehen, dass die göttliche Fülle mit ihren reichen Geschenken dein angeborenes Eigentum ist, eröffnen sich dir neue Ebenen des Erlebens. Du kannst in die Vielfalt und den Reichtum der Schöpfung eintauchen und darin aufgehen, versinken. Das Leben genießen ist das, was ich meine. Nicht als Erstes auf den materiellen, in Geld jeglicher Art gepressten Aspekt dieses Reichtums möchte ich dein Augenmerk lenken. Sicher, er spielt eine nicht unwesentliche Rolle für die Freiheit zur geistigen Entfaltung, doch nie hat es einen Menschen gegeben, der die Fülle in all ihren Aspekten ablehnt und trotzdem über geldmäßigen Reichtum verfügt.

Viele Konzepte bezüglich wahrem Reichtum und Fülle kursieren auf dieser Welt. Nicht alle taugen für die wirkliche Umsetzung, die dich in deinem Sein wahrhaft weiterbringt. Geht es dir nur darum, möglichst viel zu bekommen und zu haben, so findest du genügend auf mentaler und manipulativer Vorgehensweise basierende Verfahren, die dir in diesem Bestreben durchaus nützlich sein können. Viele von ihnen – obwohl sie gewisse geistige Gesetzmäßigkeiten durchaus er- und anerkennen, fördern dabei jedoch die Anhaftung an das gewordene Gut als allein seligmachende Gegebenheit. Du, der/die du Schriften wie diese liest, bist über dieses Stadium hinaus, da bin ich mir sicher.

Gib niemals Geld oder Gold die Macht über dein Leben. Niemals! Das ist einer der schlimmsten Dämonen im

Sinne geistiger Verirrung und Verwirrung, den die Menschheit geschaffen hat und der in dieser Zeit seinem sicheren Ende entgegensehen wird. In vielen Bereichen eures gesellschaftlichen Lebens könnt ihr diesen „Kampf" beobachten, und die Paradoxien und der Irrsinn treten nach und nach offen zutage. Das ist in allen Ländern dieser zusammengewachsenen Erdengemeinschaft so, und es ist gut so. Ein für alle Mal soll der Unglaube, der sich in der übermenschlichen Verehrung des Geldes ausdrückt, ein Ende finden!

Das heißt nicht, dass es keine Ausdrucksform mit der Funktion des Geldes geben soll und darf – es ist nicht nötig, dass ihr wieder in vorkulturelle Bereiche verfallt, aber diese muss wieder an die richtige Stelle und in die richtige, für wahres Menschsein optimale Passung gebracht werden. Seht euch um, und ihr werdet unschwer erkennen, wie viel Leid und Mühsal eines Lebens, das doch der Freude an der Erforschung des Möglichen gewidmet sein sollte, auf das Konto eurer Kapitalgesellschaft geht. Wie viel Raum bleibt noch für Muße, für das Sehen des Schönen, für innere Erforschung und den geistigen Austausch mit wahrhaft Gleichgesinnten, wenn alle Aufmerksamkeit davon absorbiert wird, genug Finanzkraft zu haben, um den immer höheren Ansprüchen unterliegenden Lebensunterhalt zu finanzieren, dem sich heute ein in der Gesellschaft lebender Mensch kaum entziehen kann, und um immer mehr der unsinnigen und nicht zu wahrhaftem Glück führenden Bedürfnisse zu erfüllen? Ihr seid eingespannt in diese Zwänge, ob ihr es wollt oder nicht. Ihr könnt nicht ganz frei davon existieren und gleichzeitig ein „normales" anerkanntes Mitglied der Gesellschaft sein – zumindest ist es äußerst schwierig und auf Dauer frustrierend.

Im alten Indien gab es dafür sinnvolle Lösungen: Jemand, der für sich beschloss, dass sein Hauptaugenmerk nicht dem Marktplatz galt, sondern der Erforschung des Lebens, begab sich ohne jeden Besitz auf Wanderschaft und wurde von der Gesellschaft ernährt. Auch in eurer westlichen Kultur gab es diese Idee, nur hat sie dort nicht zur Ausbildung einer Kaste (im Sinne von Gesellschaftsgruppe) der geistig offenen und hochstehenden Menschen geführt, die ihre gefundene Wahrheit und Weisheit gerne und frei an Interessierte weitergeben, sondern es hat sich ein elitärer Kreis herausgebildet, der für sich in Anspruch nimmt, allein in der Lage zu sein, die Verbindung zum „Himmel" herzustellen, derer ein normaler Mensch unfähig und unwürdig ist, und der mit den empfangenen Spenden der Menschen guten Herzens Pracht- und Prunkbauten errichtete, die nicht der Verherrlichung Gottes, sondern der Einschüchterung der Massen dienten. Welch ein Unterschied!

Doch die Lebensweise der Wahrheitssucher im alten Indien hatte auch einen entscheidenden Nachteil: Es wurde der Kultur des Überflüssigseins des Materiellen gehuldigt, während bei euch das Gegenteil der Fall war – auch wenn das nicht offiziell so gepredigt wurde und wird, sprechen doch die Bauten und die Verwicklung der institutionalisierenden Kirche in finanzielle Belange eine deutlich andere Sprache. Das sagt natürlich nichts über den einzelnen Menschen aus – es gab und gibt immer und überall

Ausnahmen, aber es spiegelt kollektive Strömungen wider. Das große Geschenk und die Möglichkeit dieser Jetztzeit sind, dass diese Unterschiede von Ost und West sich nun in der Mitte treffen und so einen Ausgleich erfahren, der zu einer angemessenen Wahrnehmung des geldlichen Ausdrucks der Fülle führen wird.

Es ist weder gut noch richtig, die Materie komplett zu verneinen – und es ist weder gut noch richtig, sie zum persönlichen Gott zu erheben. Was nun sollte die Art sein, wie du dich persönlich dem Thema Fülle und Reichtum näherst? Zuerst gilt es, dir klar zu werden, was im Moment für dich der Gedanke – und um einen solchen handelt es sich zunächst einmal – Fülle bedeutet. Mache eine Bestandsaufnahme, ohne dich angesichts meiner vorangegangen Worte zu verurteilen, solltest du auf eine übergebührliche Bewertung des Themas Geld bei dir stoßen. Das ist der Istzustand, und diesen musst du kennen, um ansetzen zu können. In vielen Fällen ist jedoch bei spirituell interessierten Menschen das Gegenteil der Fall – wenn sie ganz ehrlich zu sich sind, frönen sie unbewusst eher der kompletten Verneinung des materiellen Wohlstands als etwas, das vom geistigen Fortschritt abzuhalten im Stande ist. Auch nicht gut. Aber wenn das dein Status sein sollte, erkenne auch diesen wertfrei an – du musst die Basis kennen, von der aus du Veränderung einleiten kannst, um nicht Illusionen zu erliegen.


Du weißt nun also, wie es um dein inneres Verhältnis zum Thema Fülle im Allgemeinen und materiellem Reichtum im Besonderen bestellt ist. Ich hoffe, du warst ehrlich zu dir und hast in einem stillen Moment diese Muster in der Tiefe ausgelotet. Hast du das Gefühl, alleine gelingt dir kein neutrales Wahrnehmen, ist es eine gute Idee, sich zu diesem Zweck kompetente Hilfe zu suchen. Von dieser Basis ausgehend, schaust du nun, in welchem Bereich es eventuell Defizite gibt und wo Überschüsse.

Ein Beispiel für das, was ich meine: Jemand genießt die Fülle an großen geistigen Werken, die die Menschheit bereits hervorgebracht hat, und liebt es, in den Meisterwerken der Literatur zu schwelgen – kommt jedoch die Sprache auf materielle Dinge, winkt er nur ab und sagt: „Ja, ja, schön, wenn man Geld hat, aber es ist nicht wichtig." Natürlich ist es das, es ist ein Ausdruck göttlichen Schöpferreichtums und als solcher nicht mehr oder weniger angemessen als alles andere. Oder jemand liebt es, sich mit exklusiven, materiellen Dingen zu umgeben und verwendet viel Zeit darauf, sich dieses zu ermöglichen – kommt jedoch die Sprache auf die Schönheit einer kleinen Blume am Wegesrand, erntet derjenige, der darauf hingewiesen hat, nur ein kleines: „Ja, nett." Aber die Blume ist ebenso groß und wunderbar wie alles Geschmeide dieser Welt.

Verstehst du, worauf ich hinaus will? Das, was euch Probleme kreiert, die sich vor allem im finanziellen Bereich schmerzlich bemerkbar machen, sind die Wertigkeiten, die ihr den Dingen gebt. Und in diesem Sinn ist sowohl ein Zuviel als auch ein Zuwenig dem harmonischen Ausdruck abträglich.

In den anderen Bereichen, außerhalb des finanziellen, bemerkt ihr den Mangel nicht so offensichtlich, da sie nicht das unmittelbare Überleben betreffen. Doch was ist eine Depression anderes, als ein eklatanter Mangel an der Wahrnehmung der Schönheit des Lebendigen und des Lebendig-Seins, der sich über längere Zeit aufgebaut hat? Jemand, der sich an der Schöpfung in all ihren Ausdrucksformen stets zu erfreuen weiß und auch die geistigen Welten angemessen zu ihrem Recht kommen lässt, ist weniger der Gefahr ausgesetzt, dass sich dieser Mangel – als das Gegenteil von Fülle – in ihm als behandlungsbedürftige Krankheit niederschlägt.

Was fängst du also an mit den erkannten „Problemzonen"? Gehe daran, bewusst dem Aufmerksamkeit und Wertschätzung zu schenken, wo es fehlt, und bewusst mehr und mehr von dem loszulassen, also aus deiner Aufmerksamkeit zu entlassen, was zu viel ist. Wenn du bemerkt hast, dass es dir schwer fällt, natürliche Schönheit wahrzunehmen, gehe in die Natur und halte Ausschau danach. Wenn du bemerkt hast, dass du übergroßen Wert auf Styling und auffällige Kleidung legst, versuche es doch einmal bewusst mit etwas Schlichterem, aber Schönem aus natürlichen Stoffen und achte darauf, wie sich dein Körper (nicht dein Egoselbst!) damit fühlt. Wenn deine Gedanken ständig um Geld kreisen, versuche einen Ausgleich zu schaffen, indem du beginnst, den schöpferischen Reichtum zum Ausdruck zu bringen, der auf die eine oder andere Weise in jedem schlummert – vielleicht indem du malst, singst oder etwas anderes Kreatives tust, ohne den Anspruch, es weiterzugeben oder zu verkaufen, sondern einzig und allein, um dir einen weiteren Aspekt der Fülle zu erschließen. Jeder wird hier seinen eigenen Zugang finden, aber öffnen musst du dich.

Unternimm alles dir Mögliche und suche dir eventuell Unterstützung für die Auflösung von Widerständen und um Wichtignahmen und Verneinungen abzubauen. Beide haben die Kraft und die Macht, deine Realität entscheidend zu beeinflussen.

Du sollst nun natürlich nicht hergehen und heuchlerisch so tun, als wenn dir Blumen, Vogelgezwitscher oder auch Gold und Edelsteine etwas bedeuten, wenn dem nicht so ist. Es geht darum, dass du lernst zu erfühlen, dass allem – einschließlich Geld – die gleiche schöpferische Kraft innewohnt, die auch dich geschaffen hat, und auf diese Weise alles, was du er- und begreifen kannst, ein wichtiger, gleichwertiger Bestandteil deines Erdenseins ist. Gibt es in irgendeinem Bereich eine Fehlwahrnehmung im Sinne von „wichtiger" oder „nutzlos", wird sich das auf die eine oder andere Weise – und meistens nicht sehr angenehm – in deinem Leben niederschlagen. Sicher, es gibt auch künstlich geschaffene, menschengemachte Dinge, die anscheinend nicht im Einklang mit der göttlichen Schöpfung sind – doch was maßt der Mensch sich an zu meinen, es gäbe irgendetwas außerhalb dessen, was man als die ursprüngliche Kraft in ihrer Entfaltung bezeichnet und er könnte dies beherrschen?

Seht ihr nicht, dass dies eine Illusion und Lüge ist, die euch darüber hinwegtrösten soll, dass ihr in eurem irdischen Sein so fragil, zerbrechlich und vergänglich seid im Gegensatz zu Sonne, Mond und Sternen? Wenn man für sich die Gegenwart eines schöpferischen Bewusstseins – wie immer man es nennen möchte – akzeptiert, muss man auch anerkennen, dass es nichts außerhalb dessen geben kann. Wenn dieses „Gott" das „Alles-was-ist" ist, muss dieses tragende „Bewusstseinsfeld" in, mit und aus allem sein. Alles andere ist wider die Vernunft. Sonst müsstet ihr wieder zu der abergläubischen Gottestheorie des personifizierten, persönlichen Gottes übergehen, der doch nur nach des Menschen Ebenbild geschaffen wurde – zum Trost, aber auch zur besseren Manipulierbarkeit der Massen.

Gelingt es dir nun also, diesen tragenden Geist in allem, was dir begegnet, wahrzunehmen, bist du auf einem guten Weg, dir das Wesen der Fülle zu erschließen, die wahre Weisheit ist. Kannst du die Dinge, die sich dir darbieten, genießen und in und mit ihnen schwelgen, genauso wie du nicht leidest, wenn sie abwesend sind, wird sich dir erschließen, wovon die Rede ist. Denke nicht, dass dies in einigen wenigen Tagen möglich sein wird – viele große Geister verwendeten den Hauptteil ihres Lebens darauf, dieses zu ergründen. Du befindest dich also in guter Gesellschaft und solltest nicht verzagen, wenn du beginnst, das Gesagte umzusetzen und nicht gleich Fortschritte bemerken kannst. Die Veränderungen sind subtil,

und die äußere Reaktion unterliegt einer gewissen Trägheit. Doch sei versichert: Wenn alle Wichtignahmen, Man-
gelwahrnehmungen, Vermeidungsstrategien und Haupt-
augenmerke ausgeglichen sind, wird sich dir das Wunder
der Schöpfung in einem Augenblick zur Gänze offenbaren,
und dir wird nichts anderes übrigbleiben, als staunend –
mit offenem Mund und offenen Armen – die Fülle, die sich
dir schenkt, in Empfang zu nehmen. Vertraue dem Prozess und bitte mich im stillen Zwiegespräch um Unterstützung und Hilfe, wenn du nicht weiterkommst. Es ist mir
eine Freude und Ehre, dir zu helfen, das Wesen der Fülle
in dein Leben zu bringen. Danke für dein Bemühen um
Verständnis.

## Zusammenarbeit und Kooperation als Schlüssel für kreative Evolution (Eine Fee erzählt)

Gaben bringen wir euch, geliebte Menschenkinder, wenn ihr bereit seid, sie anzunehmen. Es ist nicht so schwer, wie viele von euch glauben, mit den Reichen der Natur- und Elementarwesen in Kontakt zu treten. Ihr tut es beständig, ohne es zu merken und zu wissen. Ohne das Wirken dieser belebenden Kräfte der Natur könntet auch ihr nicht existieren. Wir wirken beständig in den euch verborgenen Reichen und mühen uns unablässig, das Gleichgewicht der Natur aufrechtzuerhalten, in das ihr so sorglos eingreift. Wir zürnen euch deshalb nicht – das ist die Rolle, die die Evolution des Lebens euch im Moment zugedacht hat, und wir beneiden euch nicht darum.

Traurig ist nur, dass ihr mit eurem eigenen Untergang – den ihr heraufbeschwört, wenn ihr weitermacht wie bisher – auch den Untergang all der anderen Reiche, die die Erde bevölkern, mit in Kauf nehmt. Löscht eine Rasse sich selbst aus oder ist es an der Zeit, dass sie als Gesamtheit die Erfahrungsebene wechselt, ist das eine Sache, aber die Lebensgrundlage einer unendlichen Vielfalt von Wesen zu zerstören, ist etwas ganz anderes. Reißt du nur dein eigenes Haus ein, ist das deine Sache, zerstörst du die ganze Stadt, bist du schuldig am Elend vieler.

Wir wollen euch nicht erschrecken, sondern wachrütteln. Viele von euch sind bereits zum Teil erwacht und sehen die erschütternden Ausmaße, die eure Anmaßung gegenüber der Natur angenommen hat. Doch das genügt noch nicht. Die Verantwortungsträger und Machthaber sind noch weit davon entfernt, ein wirkliches Interesse am Leben zu entwickeln. Wie kurzsichtig das von euch ist! Was nutzen all der Gewinn und die Bereicherung, die man in einer kurzen menschlichen Lebensspanne erwerben kann und auf deren Kosten so viel Unrecht geschieht? Wir können das nicht wirklich verstehen und nachvollziehen, wir sehen nur, was passiert. Wir haben keine Angst davor, dass die Erde ganz zerstört wird – wir wissen um die Unendlichkeit der Entfaltung des Lebens. Doch wir lieben diesen wunderschönen Planeten sehr, und es ist unsere Aufgabe – und die vieler anderer Wesen –, ihn zu hegen und zu pflegen. Wie schön wäre es doch und welchen Segen würde es bedeuten, könnten wir das gemeinsam mit euch Menschen tun.

Wir wissen, dass die Zeit kommen wird, in der die Menschen wieder in bewussten Kontakt mit uns gehen werden, und wir wünschen diesen noch fernen Tag sehnsüchtig herbei. Jeder einzelne Mensch, der sich aufmacht und uns anerkennt, auch wenn er uns noch nicht sehen oder spüren kann, löst riesige Freudenfeste in unserem Reich aus. Wenn ihr eines Tages wieder erkennen werdet, welch untrennbare Einheit ihr mit der euch umgebenden Natur und ihren belebten Wesen bildet, wird es euch unmöglich sein, mit dem destruktivem Verhalten fortzufahren, auch wenn es auf Kosten eures persönlichen Gewinns gehen sollte. Wir freuen uns darauf.

Wir Feen sind Wesen der Lüfte und der Erde. Wir bilden ein Bindeglied in den Reichen der Naturkräfte und haben eine gewisse koordinierende Stellung inne. Wir sind in der Lage, uns in die Höhen der Atmosphäre zu erheben, aber auch, in die Tiefen der Erde hinabzutauchen. In euren mythischen Vorstellungen spielen wir seit Langem eine Rolle, und viele Menschen wurden von uns inspiriert und berührt. Das ist Realität, die ihr heute für Märchen haltet. Allein der Gedanke, es gäbe eine sogenannte böse Fee, ist in dieser Form unrichtig. Da die Menschen vollkommen in der Dualität leben, ist es ihnen unmöglich, sich ein Leben ohne diese vorzustellen, und die Vorstellung vom Kampf zwischen Gut und Böse fließt in alle Erfahrungswelten ein. Selbst die göttlichen Reiche bekommen davon in eurer Gedankenwelt eine Färbung, wie man unter anderem in der griechischen Mythologie unschwer erkennen kann. Doch so verhält es sich nicht.

Sicher, es gibt auch in den Reichen der Naturwesen unterschiedliche Erfahrungsbereiche und Entwicklungsstufen, doch nur der Mensch ist in der Lage, willentlich und vorsätzlich anderen Wesen Schaden zuzufügen, der nicht als Grund das eigene Überleben hat. Der Überlebensinstinkt der Tierwelt ist im Moment natürlich und normal. Doch auch diese Welt des Fressens und Gefressen-Werdens und des Überlebens nur des Stärkeren ist zu einem großen Teil eine Widerspiegelung des momentan vorherrschenden menschlichen Bewusstseins. Unterschätzt nicht die Rolle, die der Mensch in dieser Geschichte hat! Ihr macht euch die Erde untertan, ob ihr das wollt oder nicht, da eure Gedanken- und Emotionalfelder so machtvoll sind, die gesamten Gegebenheiten des Planeten zu beeinflussen. Viele Wesen – ja, auch menschliche – sind damit beschäftigt, das so weit wie möglich wieder auszugleichen und in der so fragilen Balance zu halten.

Nicht alle Wesen der Natur sind in der Lage, mit euch in der euch gewohnten Weise zu kommunizieren und sich verständlich zu machen. Als Erstes braucht es die Offenheit des Herzens und die verstandesmäßige Anerkennung des Vorhandenseins dieser verborgenen Welten. Begegnet uns ein Menschenwesen, das sich so weit vorwagt, alle festgelegten Meinungen darüber loszulassen, wie die Welt funktioniert und wie die Dinge liegen, haben wir eine Chance, es zu erreichen. Doch nicht immer wird es so wie hier über die Inspiration von dreidimensionalen Worten möglich sein. Vieles in der Kommunikation zwischen uns ist nur über wahres Fühlen, Spüren, Wahrnehmen möglich, für das sich keine Worte bilden lassen.

Es gibt Wesen in der Erde und im Himmel, die euch bereichernd und hilfreich zur Seite stehen können und wollen, doch nicht in der Lage sind, euch auf eurer Stufe des Verstehens und Erkennens zu erreichen. Zu ihnen Kontakt aufzunehmen bedarf wahrer Hingabe und angstfreiem Forscherdrang. Doch gerade der Umgang mit den Naturwesen ist kulturgeschichtlich stark belastet und geprägt. Tief in eurer Zellerinnerung schlummert das Wissen um die aktive Zusammenarbeit unserer Welten, die nicht nur einmal sehr zum Schaden der Naturreiche geendet hat. Ihr habt eine – verständliche und natürliche – Angst in euch, diesen Kontakt wieder aufzunehmen, da es die Erinnerung daran wachruft, was die Menschenwesen den Naturwesen schon vielfach angetan haben. Nicht immer wurde die Macht des freien Willens, die euch gegeben ist, zum Segen angewandt.

Habt keine Furcht! Wir sind gerne bereit, dieses Wagnis ein weiteres Mal einzugehen, und wir geben euch keine Schuld. Auch in unserer Evolution war diese Involution der Unterwerfung und des zugelassenen Missbrauchs ein wichtiger Schritt für Erkenntnis und Wachstum. Traut euch zu, nach dieser in eurer Zeit gemessenen, unendlich langen Spanne wieder aktiv auf uns zuzugehen. Wir werden euch nicht abweisen, wenn wir sehen, dass euer Herz unbelastet und eure Motive lauter sind.

Geht hinaus in die freie Natur. In der Dichte eurer Städte tun wir uns schwer – auch wenn wir dort natürlich auch wirken –, die Decken des emotionalen und mentalen Mülls, den ihr täglich produziert, zu durchdringen und reine und freie Inspirationen auf den Weg zu bringen. In diesen Stein- und Betonwüsten gibt es nur wenige Oasen, die uns erlauben, unserer Natur entsprechend zu wirken und dieses Wirken auf euch auszudehnen. Das ist einer der Hauptgründe, warum Städte auf euch auf Dauer so ermüdend wirken und der Aufenthalt in freier Natur so erholsam. Hier können wir euch umfangen, umarmen, streicheln – eurer Seele und eurem Herzen zuflüstern, dass alles gut ist und wird, wenn ihr doch nur die Wunder dieser Welt mit offenen Augen anschauen wolltet. Schwer haben es die Pflanzenwesen, die für die Gewächse in geschlossenen Objekten verantwortlich sind. Doch sie sehen und ehren eure Liebe und euren Wunsch, euch mit ihnen zu umgeben, auch wenn ihr nicht genau wisst, warum und nur auf die chemischen Prozesse der Pflanzen baut, die euch unterstützen. Das ist Ansporn und Motivation für sie, dieses Bemühen zu unterstützen, und immer wieder gibt es Menschen mit dem sogenannten grünen Daumen. Wenn diese dann berichten, ein Teil ihres Erfolgs beruhe darauf, dass sie mit ihren Pflanzen sprechen und diese liebevoll berühren, dann ist das eigentlich eine Kommunikation mit dem Pflanzenwesen – und nicht mit der Pflanze selbst –, das sich über diese Form der Anerkennung freut und sich darum „mächtig ins Zeug legt", alles ergrünen und erblühen zu lassen.

Ihr habt keine Vorstellung von den Vorgängen, die für Wachstum und Gedeihen notwendig sind. Ihr könnt nur die äußere physische Ebene wahrnehmen. Doch wie bei dem Wachsen eines Menschenwesens ist das nur ein Bruchteil dessen, was ein Gewächs, sei es eine kleine Blume oder ein großer Baum, ausmacht. Bewusstseinsfelder mannigfacher Art sind daran beteiligt, und manche davon „zeigen" sich euch als Naturwesen. Doch was macht euch so sicher, dass sich diese Naturwesen von eurem Sein so gänzlich unterscheiden? Woher kommt der tragende Geist, der alles formt und gestaltet? Gibt es verschiedene Quellen für euch und uns? Die Verwebung unserer Wesen ist größer als ihr glaubt, und doch besitzen wir und ihr eine durchdringende individuelle Prägung, die uns voneinander zu unterscheiden scheint. Doch das ist nur eine Ebene unserer gemeinsamen Existenz, auf der wir ausgezogen sind, diese geschaffene Welt zu gestalten, zu erkennen und in Besitz zu nehmen, in allen Möglichkeiten und Facetten. Lasst uns das gemeinsam tun, und wir werden gemeinsam in die Bewusstheit hineinwachsen, die tief in unserem Kern noch mehr oder weniger schlummert.

Es kursiert bei euch die Meinung, die Naturreiche seien eine niederere Entwicklungsstufe. Ich wage dem zu widersprechen. Wir haben eine andere Erfahrungswelt gewählt und nicht vor, in diesem Evolutionszyklus zum Menschen „aufzusteigen". Das ist weder nötig noch gewollt. Wir lieben, was wir sind, denn wir wissen, dass wir es so gewählt haben. Es gibt keine Widerstände oder inneren Kämpfe. Wir sind nicht unzufrieden mit dem, was wir sind, und Depression und „Selbstmord" sind uns unbekannt. Aus dieser Sicht könnt ihr sicher sehr viel von uns lernen. Wir genießen das Leben – wenn man das so sagen kann – in jedem Augenblick. Jedoch gibt es bei uns keine Augenblicke, da uns das Wesen von Zeit nicht zugänglich ist. Jeder Moment ist für uns die Ewigkeit – ihr seht, hier versagen die beschreibenden Worte, da wir die Grenzen eurer Wahrnehmungsfähigkeit überschreiten müssen. Wir leben in der Präsenz des gegenwärtigen Bewusstseins, das Zeuge ist für alle Vorgänge und Abläufe innerhalb seiner selbst. Und dieses Zeuge-Sein befähigt uns dazu, innerhalb unserer uns gegebenen Möglichkeiten und Ressourcen uneingeschränkt zu wirken und in der von euch sogenannten Glückseligkeit zu verweilen.

Bei uns gibt es kein Drängen, Streben, Suchen nach dem, was die Verheißung einer goldenen Zukunft ist. Unsere Zukunft ist immer da, wo wir sind, und sie ist gut. Natürlich kennen auch wir eine Form von Betrübnis, sie ist eurer Trauer nicht unähnlich, doch sie berührt nicht unseren innersten Kern, der in Gegenwärtigkeit verbleibt. Der Frieden und die Stille, die ihr wahrnehmen könnt, wenn ihr einen großen alten Wald betretet, rührt zum großen Teil daher. Auch die subtile Schwingung der Heiligkeit, die manche Menschen an solchen Orten berührt, hat ihre Ursache in unserem Sosein. Es erinnert euch daran, was ihr verloren habt, als ihr eure Verstrickung in die Materie begonnen habt, um sie in ihrer Tiefe und Faszination auszuloten. Doch nicht nur wir sind der Meinung, dass es an der Zeit ist, umzukehren und wieder danach zu schauen, was euch wahrhaftig Erfüllung zu bringen vermag. Wir sind euch gerne dabei behilflich, wenn ihr das Wagnis eingehen wollt, euch wieder mit uns zu verbünden.

Trage dazu bei, diesen Kontakt wieder herzustellen, indem du dich mehr und mehr den feinstofflichen Ebenen annäherst. Vielleicht magst du zuerst beginnen, dich den Helfern zuzuwenden, die dir immer zur Seite stehen und deren Aufgabe es ist, dich in deinen persönlichen Belangen zu führen und zu leiten. Auch sie warten genau wie wir darauf, wieder Anteil an eurem Leben und eurer Entwicklung zu nehmen, denn euer Voranschreiten ist auch das ihre. Sie profitieren von jeder Erfahrung, die ihr eigenverantwortlich und selbstbestimmt macht, und es herrscht großer Jubel, wenn ihr beginnt wahrzunehmen, wie ihre Fürsorge und Liebe euch auf diesem Wege begleitet hat.

Hast du dann Zutrauen gewonnen in die Helfer, die ihr Schutzengel und Geistführer nennt – auch wenn du sie vielleicht nicht wie manch anderer sehen, hören oder riechen kannst –, kannst du dich daran machen, die anderen Reiche zu erkunden. Diese sind so mannigfaltig, wie es die Vielfalt und Buntheit der Schöpfung vermuten lässt. Es gibt Bewusstseinsfelder, die wesenhaften Charakter tragen, in allen nur erdenklichen Bereichen und Formen. Vielmehr in allen unerdenklichen – denn mit eurem, auf Linearität geprägten, momentanen Verstandeslevel lässt sich das weder begreifen noch ergründen. Doch ihr könnt es wahrnehmen, erspüren, eine Ahnung davon bekommen, wenn ihr euch nur unbefangen einlassen wollt. Versucht es zuerst in einem Bereich, der euch nahe liegt. Hast du einen Bezug zur Engelwelt, dann wird es dir leichterfallen, mit den verschiedensten Engelwesen in Kontakt zu treten als mit Tierwesen. Fühlst du dich der Tierwelt sehr verbunden, wird es dir leichterfallen, mit diesen Energien in Verbindung zu treten.

Wir Feenwesen sind entgegen der landläufigen Meinung nicht an ein bestimmtes Reich gebunden. Wir sind Wanderer zwischen den Welten, die helfen, Beziehungen zu pflegen und Verbindungen aufzubauen. Nicht umsonst taucht in euren Geschichten oft eine helfende, rettende Fee auf. Wären wir nur für bestimmte Pflanzen oder bestimmte Bereiche der Vegetation zuständig, was interessierte uns der Menschen Ach und Weh?

Möchte ein Menschenwesen von sich aus in Kontakt mit uns treten, freuen wir uns sehr. Doch das ist noch die Ausnahme. Meistens kommt der Impuls von unserer Seite, und der aufkeimende Wunsch in dem Menschenkind, unsere Nähe zu suchen, ist von unserem Drängen inspiriert. Ihr fragt nun vielleicht, wo denn hier der freie Wille bleibt – ihr könnt euch jederzeit entscheiden, dem nicht zu folgen, ohne dass euch daraus größerer Schaden erwächst, als dass für euch und die Gemeinschaft der Menschheit wieder eine wunderbare Gelegenheit verstrichen ist, mehr über das Leben und seine Wunder zu lernen.

Wir hören schon eure Fragen, spüren eure Verwunderung: „Ja, prima, aber wie genau soll das gehen? Was soll ich tun, was kann ich machen?" Verständlich ist es sicherlich, dass solche Fragen aufkeimen, betrachtet man die jahrtausendealten Konditionierungen, die euer Geschlecht durchlaufen hat. Doch seid euch versichert, es gibt kein komplexes Regelwerk, keine allgemeingültige Anleitung, keine Anweisung außer: Bereite das Feld dafür, dass wir die Möglichkeit haben, dich zu erreichen – sprich, nimm dir Zeit und Raum ohne äußere Ablenkung, am besten in der freien Natur –, und dann öffne einfach dein Herz.
„Aaah, und wie bitteschön?" Könnt ihr unser Lächeln spüren? Ihr wollt für alles eine Anweisung und jemanden, der euch sagt, wie es geht! Werdet selbst zum Erforscher – jedem wohnt dieser Drang inne, legt ihn frei, er liegt in eurer Natur. Hört auf, eine Hierarchie zu bilden, der ihr folgen könnt – ihr seid schließlich keine Hunde. Wenn ihr

nicht selbst losgeht und es ausprobiert, einfach und kindlich, frei von Erwartungen und Absichten, könnt ihr tausend Bücher zu dem Thema lesen und noch ein weiteres wunderschönes Kartendeck entwerfen – es wird euch keinen Schritt näher zu dem bringen, dem eigentlich eure Sehnsucht gilt. Also geht hinaus, setzt euch hin, schließt vielleicht zu Beginn die Augen, lauscht dem Schlag eures Herzens und horcht auf euren Atem. Der Lebensgeist, der das bewirkt, erfüllt auch uns. Wir leben im gleichen Rhythmus, folgen einem Puls. Wir sind nur einen Wimpernschlag von euch entfernt.

Ihr könnt uns spüren im Wind in den Bäumen, uns lauschen im Murmeln des Baches, uns zuhören im Gesang der Vögel. Und nach und nach werden wir für euch Gestalt annehmen – so, wie es jeder Einzelne anzunehmen vermag. Wir tanzen im Licht der Sonne und reiten auf dem Rücken der Schmetterlinge. Wir sind nicht gebunden an die Dichte der Materie wie du, und es gibt für uns nicht die Begrenzung der Erde. Folge uns hinab in die Tiefen ihres Leibes, dringe ein mit deinem Geist, deinem Bewusstsein, in die verborgenen Reiche. Je unbefangener und furchtloser du das tust, desto größere Überraschungen werden dich erwarten.

Wir können dich inspirieren, dich in Kontakt bringen mit anderen Welten innerhalb und außerhalb deiner Welt. Wonach steht dir der Sinn? Gefährdest du durch deine Entdeckerfreude nicht dich und andere, sind wir dir gerne Weggefährten und Reiseleiter. Wir bringen Botschaften von einem Reich in das andere, und es ist längst an der Zeit, dass auch das Menschenreich wieder in diesen Reigen integriert wird. Magst du ein solcher Botschafter für die Menschen sein, lass dich furchtlos auf uns ein. Wir bringen dich voran in dem Bestreben, zum Wohl aller zu wirken und mehr und mehr das volle Potenzial des Menschseins zu erfassen.

Viele Welten warten darauf, dass die Menschen ihre Ohren und vor allem ihr Herz (wieder) für sie öffnen – auf dass ein Neues Zeitalter der gegenseitigen Achtung, des Respekts und der Zusammenarbeit zu Gunsten der Entfaltung des Großen Ganzen stattfinden kann. Vertraue dich unbesorgt unserer Führung an. Du wirst es nicht bereuen.

## Gaben empfangen (Maria Magdalena)

Du bist willkommen auf und in dieser Welt. Wie viele Menschen wissen nichts über diese grundlegende Wahrheit, da ihnen ihr persönliches Umfeld in der frühen Kindheit nichts dergleichen als Erfahrung ermöglichte. Doch nichts und niemand kann daran etwas ändern: Du bist willkommen, geliebt und wertvoll. Die Mutter, die in eurem Fall durch die liebevolle Wesenhaftigkeit von Gaia repräsentiert ist, liebt alle ihre Kinder auf die gleiche Weise, unabhängig von allem, was zu tun möglich ist. Hast du die Gewissheit dieser Wahrheit wieder vollkommen integriert, fällt viel von dem Streben, das der Anerkennung durch äußere Wesenheiten dient, von dir ab.

Sicher, kein menschliches Wesen ist von Geburt an in der Lage, auf sich gestellt und alleine zu existieren. Eine harmonische Entwicklung ist unabdingbar gekoppelt an eine liebevolle, wertschätzende Umgebung. Doch sind wir ehrlich: Schaut in eure Geschichte – wann waren die Umstände des Lebens geeignet, diesem Rahmen Raum zu geben? Darf das nun als Entschuldigung dienen, die nicht empfangene Liebe und Achtung auch im Erwachsenenleben weiter zu kultivieren und das Spiel der Sehnsucht und der Projektionen immer weiterzutreiben? Wann und wie soll dieser Kreislauf durchbrochen werden, wenn nicht hier und jetzt – durch dich –, unabhängig davon, wie dein eigenes Aufwachsen war?

Vieles ist zu diesem Thema schon gesagt und geschrieben worden. Wir wollen uns ihm darum aus einem anderen Blickwinkel nähern: Aus der Sicht der geistigen Welt, die deine ursächliche Heimat und dir nie verloren, sondern nur vergessen ist. Aus der aufgelösten Identifikation mit dem irdisch Gewordenen heraus sehen viele Dinge und Umstände anders aus als aus horizontaler Sicht. Dieser Blick ist dir normalerweise nicht zugänglich, da du von Anfang an darauf konditioniert wurdest, die Wirklichkeit im Spiegel als die einzig reale zu betrachten und dich auf das zu beschränken, was du dort sehen kannst. Aber es gibt so viele Ebenen mehr, die dich ausmachen, dass eure noch recht begrenzten Worte dafür kaum ausreichen.

Nun geht es in deinem Leben nicht immer nur um das Werden und Wachsen, häufig genug fehlt dir bereits das Verständnis für das, was ist. Dein von dir so wahrgenommenes Leben besteht aus vielen komplexen einzelnen Bedingungen, die sich jedoch auf wenige Nenner reduzieren lassen würden, könntest du genau hinschauen. Und immer ist es das innere Drängen und Streben der dir unbewussten Triebe und Tendenzen, die bei der Entfaltung deiner Wirklichkeit eine entscheidende Rolle spielen. Wie nun gelingt es dir, frei zu werden von diesen, oft unliebsamen Resultate zeitigenden Bestrebungen? Es gibt nur einen möglichen Weg – und alle unterstützenden Maßnahmen und Hilfsmittel sind eben nur das. Der einzige, wirklich dauerhaft und tiefgreifend wirkende Weg ist es, die Herrschaft über dein Leben neu zu ergreifen und den unterschwelligen Tendenzen nicht zu gestatten, für dich zu agieren. Das ist wahrlich nicht immer bequem und leicht, aber wie kommst du auf die Idee, dass dir dieses menschliche Leben gegeben wurde, um unhinterfragt mit dem Strom zu treiben?

Es ist deine Aufgabe und deine Pflicht, alles, was Einfluss auf das Entstehen deines Erlebens hat, zu erkennen und so die Möglichkeit zur Wahl zu erlangen. Darin liegt der große Wert der in so vielen Lehren betonten Hauptaufmerksamkeit auf das Handeln aus und in Liebe. Nur geht es häufig nicht tief genug – es genügt eben nicht, Nächstenliebe zu üben und sich im Herzen über die mit Almosen bedachten Menschen erhaben zu fühlen. Es genügt nicht, sich dafür zu entscheiden, nicht zu schreien und zu schlagen und dabei innerlich zu platzen. Es genügt nicht, zu lächeln und insgeheim das Gegenüber zu verwünschen. Es genügt nicht – aber es ist ein Anfang. Und je mehr du in dieser Richtung handelst, desto mehr wird auch dein Denken und Fühlen in friedvolle, liebevolle Bahnen gelenkt und dein Leben insgesamt friedvoller und liebevoller werden.

Wie aber stellst du es an, dauerhaft und wirklich aus der Tiefe Aktionsmuster zu erkennen und zu eliminieren, falls sie nicht förderlich sind? Das gelingt dir nur, wenn du es dir zu eigen machst, dich daran zu erinnern, dass es da auch eine feinstoffliche Realität gibt, die gegenwärtig bleibt, egal, was um dich herum und in dir geschieht. Aus diesem Wissen heraus versuchst du nun, dich in jedem Augenblick zu fragen, was wohl die Sichtweise dieser höheren Position sein könnte und wie du agieren, denken und fühlen würdest, hättest du das Bewusstsein dieser

Ebene. Für den Anfang mag sich das wie Schwindelei anfühlen, aber sei versichert, dieses Vorgehen öffnet dir die Tür, damit die Impulse deiner wahrhaft vorhandenen höheren Seinsebenen in dieses Erdenbewusstsein einfließen können. Es ist sozusagen die Erklärung der Bereitschaft zur Kooperation, die zwingend notwendig ist für jede fruchtbare Zusammenarbeit. Nur in dieser Kooperation werden die Gaben beginnen zu fließen – in einem Ausmaß, das du dir nie vorstellen konntest. Es wird dir immer leichterfallen, all die ach so menschlichen Reaktionsweisen zu akzeptieren und ihnen zu gestatten, da zu sein, ohne sie die Zügel des Lebens übernehmen zu lassen. Hab keine Angst, dass du nicht mehr handlungsfähig sein könntest oder gar deinen Intellekt ablegen sollst. Das Gegenteil ist der Fall: Du wirst erst wahrhaft zum Handelnden, und dein Verstand wird klarer und präziser arbeiten als je zuvor, wenn er nicht mehr vernebelt wird von illusionären Vorstellungen und emotionalen Befindlichkeiten aus mitgebrachten Abspeicherungen, Kindheit und Kollektivbewusstsein.

Noch einmal die praktische Vorgehensweise für das tägliche Leben:

*Bevor du etwas tust, antwortest, reagierst, Entscheidungen triffst, halte kurz inne und frage dich: „Wie würde ich handeln, hätte ich hier und jetzt die Weisheit und das Bewusstsein meiner höheren Seinsebenen?"*

Dann spüre die leisen Impulse aus und in deinem Inneren, die dir Antwort geben. Es werden in den seltensten Fällen klare Anweisungen oder Bilder sein, sondern eher Ahnungen, flüchtige Ideenblitze, subtile Gedankenregungen. Traue dich, diesen intuitiven Impulsen Folge zu leisten, und du wirst es nicht bereuen. Oft werden die Worte und Entscheidungen nicht jene sein, die sich ohne dieses Innehalten Ausdruck verschafft hätten, doch nach relativ kurzer Zeit wirst du bemerken, wie mehr Gelassenheit, Frieden, und das Gefühl, mit dem Leben in Einklang zu sein, Einzug halten. Vertraue diesen sanften Impulsen in allen Belangen deines täglichen Lebens, seien sie auch noch so banal. So wird es dir zur ständigen Übung, nicht aus den unbewussten Bestrebungen und dem isolierten Verstand heraus zu handeln – als Vorbedingung für ein Leben in Verständnis und Gnade.

Das, was ihr als Gnade bezeichnet, ist nichts anderes als die vollkommene Übereinkunft mit dem, was das Leben dir zu schenken gewillt ist. Aus diesem Blickwinkel wird alles zu einem Akt der Gnade und des Staunens, auch wenn es aus irdischer Sicht als Drama erscheinen mag. Diese Erkenntnis ist es, die die Weisen und Heiligen euch voraushaben.

Sicher fragst du dich jetzt, wie man den frühzeitigen Tod eines geliebten Menschen oder die Vergewaltigung eines Kindes als einen Akt der Gnade betrachten kann. Aber darum geht es gar nicht. Es gibt auf dieser wunderbaren Erde sehr viel menschliches Ungleichgewicht und

Ungerechtigkeit, und das wird auch in absehbarer Zeit noch so sein – auch das ist ein Ausdruck der unendlichen Möglichkeiten der Schöpfung. Was jedoch passieren wird, wenn du dir nicht länger gestattest, ein Spielball unbewusster Regungen zu sein, ist, dass derartige Geschehnisse den Bezug zu deiner persönlich erlebten Realität verlieren werden. Sprich, sie werden in deinem Leben weniger Raum einnehmen. Natürlich ist es unmöglich, von jetzt auf gleich diese Resonanzen für das gesamte Kollektiv zu erlösen, aber jeder wache, bewusste Mensch trägt zur Beschleunigung dieser Wandlung bei. Doch fange bei dir an – praktisch und banal. Mehr brauchst du im Moment nicht zu tun. Wenn du einer jener Vorreiter sein solltest, die diese Wahrheiten einer größeren Masse von Menschen nahebringen sollen und wollen, wirst du auch das durch das Drängen der Kräfte in deinem Inneren unzweifelhaft wissen.

Fange bei deinen Beziehungen und deiner Familie an, damit wirst du mehr als genug zu tun haben. Die lichten Kräfte, insbesondere jene, die wie ich helfen, die mütterlichen und urweiblichen Aspekte zum Ausdruck zu bringen, haben großes Interesse daran, die täglichen Kleinkriege in euren zwischenmenschlichen Beziehungen beendet zu sehen. Wir antworten freudig auf jeden Ruf um Unterstützung und Hilfe, der wirklich von Herzen kommt. Mitunter sehen wie jedoch Bestrebungen, die Engel- und Meisterkräfte in Anspruch nehmen zu wollen, um andere dazu zu bringen, sich nach euren Wüschen zu verhalten. Seid versichert, das wird nicht funktionieren. Wir können nur jene

Tendenzen in euch verstärken, die bestrebt sind, Liebe, Harmonie und Mitgefühl zum Ausdruck zu bringen und in den beteiligten Personen Rachsucht, Hass und Schuldgefühle zu besänftigen – aber immer und nur so weit es dem freien Willen auch der unbewussten Kräfte entspricht.

Nicht allein euer Verstand ist in der Lage, den „Auftrag" zu erteilen, vielmehr reagieren wir auf die Ausstrahlung von Schwingungen, die ihr permanent aussendet viel mehr als auf das gesprochene Wort. Ihr könnt uns nichts vormachen und braucht euch nicht zu verstellen. Wir sehen in eurer tiefstes Innere und kennen eure geheimsten Regungen. Doch im Gegensatz zu manchem menschlichen Wesen werden wir das niemals – niemals! – verwenden, um euch zu manipulieren oder euch in irgendeiner Weise zu schaden.

Die Gaben, die ihr in der Lage seid zu empfangen, wenn ihr euch der Zusammenarbeit mit den geistigen Ebenen öffnet, bestehen darin, dass ihr mehr und mehr in der Lage sein werdet, spontan zu erkennen, was in der jeweiligen Situation richtig und wichtig ist – jenseits dessen, was offensichtlich scheint –, und so nicht nur für euch selbst, sondern für alle Menschen, die mit und um euch sind, zu einem Helfer zu werden. Das Leben wird nicht immer nach eurem Gutdünken verlaufen, und so manches Mal werdet ihr euch fragen, warum euch das geschieht, doch ihr werdet nie mehr verzweifeln oder verzagen, wenn sich euch das Leben als ewiges Geschenk offenbart statt als Strafe.

Die beste Möglichkeit, dieses Leben als lebenswert und angemessen zu erachten, ist es, sich ganz auf die Verbindung mit Gaia einzulassen – womit sich der Kreis zu unseren Ausführungen zu Beginn wieder schließt. Alle Sorgen, Ängste, Nöte und ungeweinten Tränen kannst du in stillen Stunden getrost der Mutter übergeben – sie nimmt sie dankbar an als Zeichen deiner Hinwendung und Liebe. Finde deine eigenen Wege dieser Öffnung – die Menschen sind so verschieden und vielfältig, dass es dafür keine allgemeingültigen Vorgaben geben kann. Mancher wird sich leichter tun, in wunderbarer Natur die Wertschätzung zu erfahren, einem anderen genügt es, sich in die Vorstellung zu vertiefen, dass es nie eine Trennung seiner selbst vom Selbst der Erde gegeben hat oder je geben kann, so lange er/sie hier weilt. Das Wichtigste ist es, diese Verbindung bewusst zu pflegen – die Form spielt keine Rolle.

Zu lange schon haben sich die Menschen mehr und mehr entfernt von der so essenziell wichtigen Vergegenwärtigung der Verbundenheit des Lebens auf und in dieser Erde. Das ist einer der Hauptgründe für das latente Gefühl der Verlorenheit und Sinnlosigkeit, das so viele erfüllt. Kein erdverbundenes Naturvolk kannte je diese Ausmaße an depressiven Verstimmungen oder Suchtexzessen wie ihr in der heutigen Zeit. Das Gefühl des Willkommen-, Geliebt- und Getragen-Seins ist ein wesentlicher Baustein für ein friedvolles, glückliches Leben. Hole es dir wieder zurück, du bist in der Lage dazu, ohne jegliche äußere Unterstützung oder Veränderung. Finde den Zugang von deinem zum Herzen der Erde, wie immer du es dir vorstellen magst. Die Mutter, Gaia, wartet sehnsüchtig darauf.

Hast du dir diesen Zugang wieder zu eigen gemacht, wird es dir immer leichterfallen, dem Leben zu vertrauen, was immer es dir bringen mag. Und dieses Vertrauen kann sich auf alle Menschen, mit denen du zu tun haben magst, ausdehnen, und so trägst du, ohne es anzustreben oder willentlich zu wollen, zur Veränderung der Welt bei. Sag JA zu dem, was dir im Augenblick begegnet, nimm die Herausforderungen jederzeit an, ohne Zweifel oder Bangen, in der Gewissheit, dass das Leben wohlwollend und hilfreich ist – auch wenn es dem kontrollierenden Verstand nicht immer so scheint. Dieses Urvertrauen kann dir niemand geben, auch nicht durch schöne oder aufrüttelnde Worte. Du musst es dir Stück für Stück und nach und nach wieder zur ersten Natur werden lassen.

Durchdringe alle Schichten, die sich im Laufe deines Lebens darübergelagert haben, es ist an der Zeit. Verzage nicht, wenn du hin und wieder Rückschläge erleidest – das wird je nach gefühlter Schwere der Situation nicht ausbleiben. Erinnerst du dich jedoch immer wieder daran: „Die Mutter ist da, das Leben ist wohlwollend und gut, ich kann es nur im Moment aus meinem eingeschränkten Blickwinkel nicht wahrnehmen", wird sich vieles in deinem täglichen Leben zum Besseren wenden. Versuche es, du kannst dabei nur gewinnen.

Mein spezieller Wunsch besteht darin, dass sich die Menschen wieder ihrer Würde bewusst werden. Jeder

Einzelne hat spezielle Gaben und Veranlagungen, die zur Bereicherung des Ganzen beitragen sollen und können. Viel zu lange habt ihr euch Schuld und Sünde einreden lassen – mangelndes Urvertrauen ist einer der Gründe dafür, warum es so leicht möglich war. Jeder von euch ist eine wunderbare Facette im Diamanten der Schöpfung, bringe sie zum Strahlen und Funkeln! Finde dein ureigenstes Talent, was immer das auch sein mag, und lebe es. Das ist immens wichtig, um am Ende dieses irdischen Lebens erfreuliche Bilanz ziehen zu können. Die Würde des Menschen ist in seinem Dasein begründet und braucht keine weiteren Rechtfertigungen – lasst euch niemals etwas anderes weismachen. Aus dieser Würde heraus – und das meint gewiss nicht Stolz und Überheblichkeit – ist es dir ein Leichtes, zu deinen Talenten und Fähigkeiten zu stehen, auch wenn es vielleicht etwas sein mag, was andere als gering oder nichtig erachten. Traue dich, deiner Begeisterung zu folgen, und du wirst immer gut geleitet sein.

Jahrtausende lang wurde speziell den Frauen jeder Anspruch auf Würde verweigert – das hatte eklatante Folgen für die Struktur der menschlichen Gesellschaft. Unglücklicherweise führte der Versuch, diese Ungerechtigkeiten zu minimieren, in einigen Ländern dazu, dass es nun mehr und mehr Männer gibt, die jenseits ihrer Kraft leben und dieses Defizit mit Härte auszugleichen suchen. Das kann unmöglich die Lösung sein. Die menschliche Würde ist weder geschlechts- noch altersspezifisch. Was nutzen Grundgesetze, die die Würde des Menschen als unantastbar festschreiben, wenn ihr noch nicht einmal herausgefunden habt, was genau das meint?

Die Würde des Einzelnen ist etwas, das aus ihm selbst heraus entsteht, und nicht abhängig davon, was andere darüber sagen. Sicher ist es jedoch ungleich schwieriger, sich dessen bewusst zu bleiben, in einer Atmosphäre der Herabsetzung und Erniedrigung. Du siehst, wir gelangen immer wieder an den unabdingbaren Punkt – als Basis für wahre, auch kollektive Veränderung – des Handelns aus und in Liebe. Jemand mit einem offenen, warmen Herzen wird nicht in der Lage sein, andere herabzusetzen und zu diffamieren, und verhängnisvolle Kreisläufe werden durchbrochen. Ihr braucht nicht zu warten, bis kollektiv oder „von oben" etwas geschieht, um euch eure Würde wiederzugeben. Das kann nur jeder selbst in innerer Arbeit leisten – und diese wird dann von außen Bestätigung finden. Ich unterstütze dich gerne dabei, alles auszumerzen, was dem entgegensteht. Bitte mich in deinen Gebeten darum, es ist mir eine Ehre, dir in diesen Belangen beizustehen.

## Die Kräfte der Liebe neu erfahren (Ein Versuch der Integration der Geisteskraft der Liebe)

Gegrüßt seist du, Sucher am Wegesrand. Ich bin der Engel, der die Liebeskräfte zur Entfaltung bringt, wenn du darum ersuchst. Ich halte dieses Energiepotenzial für jeden Einzelnen und gleichermaßen für das gesamte Kollektiv der fühlenden Wesenheiten. Es ist eine große und ehrenvolle Aufgabe. Denke nun nicht in den dir gewohnten Kategorien einer Persönlichkeit oder eines Einzelwesens – ein solches bin ich sicher nicht.

Ich bin ein mächtiges Feld des Potenzials der Liebesfähigkeit, das wesenhafte Züge annimmt, um dir den Zugang zu ermöglichen. Die Form von Bewusstheit, die dir durch deinen denkenden Geist zu eigen ist, ist für uns nur Mittel zum Zweck, um in die Kommunikation mit Menschenwesen eintreten zu können. Unsere Art und unser Wesen sind so viel mehr, als du dir über dich selbst im Moment im Klaren bist, dass es sehr schwerfällt, dir begreiflich zu machen, mit wem oder was du es hier zu tun hast. Der einfachste Weg ist es daher, du betrachtest uns als Engelskraft, die gewählt hat, mit einer bestimmten Aufgabe zur Entfaltung der Schöpfung beizutragen.

Wir sind der Engel der Geisteskraft der Liebe. Diese „Geisteskraft" ist eine dir innewohnende schöpferische Struktur, die du, bewusst oder unbewusst, zum Einsatz bringst. Doch nicht nur in Menschenwesen ist diese aktiv, sondern in jedem fühlenden System. Dazu gehören auch Landschaften und Kollektivbewusstseinsfelder von Städten und Ländern. Doch wollen wir zuerst einmal ergründen, welche Rolle wir für dich spielen können und was es dir und mir bringt, sich auf eine aktive Zusammenarbeit einzulassen.

Die Kräfte der Liebe sind der evolutionäre Treibstoff für Höherentwicklung und Anhebung des Bewusstseinslevels. Macht sich ein Wesen die Kraft zu lieben zu eigen, ist das ein Garant dafür, in höhere Ebenen des Seins einzutreten. Hass und Rachsucht hingegen befördern dich geradewegs in die Gegenrichtung. Abstieg und Aufstieg sind so seit Urzeiten die Wahlmöglichkeiten auf den Leiterstufen der Entwicklung. Jedes Wesen, das die Liebe für sich entdeckt – und sei es auch noch so rudimentär –, erhebt sich Stück für Stück aus den Niederungen des Instinkts und der Triebe. Erst die Liebe macht es möglich, bewusst Entscheidungen zu treffen, die anscheinend wider das Verlangen des Fleisches sind. Bei euren Haustieren könnt ihr dieses Verhalten hin und wieder bereits beobachten, und so sind diese dabei – in ihrer eigenen Seelengruppe – den Weg nach oben, nach Hause, anzutreten.

Ihr menschgewordenen Wesen solltet eigentlich von eurer Art her bereits zu 100 Prozent „in der Liebe" sein. Doch schaut euch um – könnt ihr davon auf dieser schönen Erde sehr viele Zeugnisse entdecken? Sicher, zu jeder Zeit gab es diese herausragenden Menschen, die alle Persönlichkeit dem Gebot der Liebe unterordneten, doch Machtstreben, Kontrollbedürfnis und Besitzdenken sind noch immer die vorherrschenden Energiefelder, die die Erde und damit alles Leben in und auf ihr prägen. Ihr befindet euch in einer Zeit des Wandels, und es besteht berechtigte Hoffnung, dass sich das in für euch absehbarer Zeit ändern wird.

Möchtest du daran teilhaben und diesen Wandel unterstützen, ist es eine der effektivsten und einfachsten Möglichkeiten, deine Liebesfähigkeit bis in ihre Tiefen auszuloten und auszubauen. Die Verbindung mit dem Hüterengel der Geisteskraft der Liebe ist dabei eine wertvolle Hilfe. Wir vermögen auf deine Bitte hin feinstoffliche Kräfte in Gang zu setzen, die auf allen deinen Ebenen zu wirken beginnen und diese deine Entscheidung, dich der Liebe zu öffnen, unterstützen. Achtsamkeit und Wachsamkeit braucht es dafür von deiner Seite, denn du musst merken, wenn du in überholtes Rollenverhalten verfällst und statt der Liebe alte Muster und Prägungen für dich regieren. Dieser Zustand ist leider der Normalzustand der meisten Menschen. Mache dich zu etwas Besonderem, indem du in diesem Sinn nicht länger normal bist.

*Gestatte dir, wo andere mit Wut, Ungeduld und Gereiztheit oder gar Gewalt antworten, zu lächeln und zu sagen: „Ich verstehe dich. Du bist wie ich auf der Suche nach dem, was dich wirklich ausmacht, und auf dieser Suche hast du dich immer mehr verloren. Du hast dich verstrickt in all die Geschichten und Bedürfnisse. Genau wie ich. Ich verstehe dich, und ich liebe dich. Ich danke dir für diese Gelegenheit, mich wieder daran zu erinnern, dass ich mich in jedem Augenblick für die Liebe entscheiden kann."*

Sicher, nicht in jeder Situation wirst du diese Worte laut sagen wollen oder können – es genügt, wenn du es für dich weißt und im Geist zu deinem Gegenüber sagst. Wenn du deinem Lächeln nicht den Zug der Überlegenheit gibst – und dieses Überlegenheitsgefühl schleicht sich leicht ein, wenn du meinst, dich auf dem Weg der „Gutmenschwerdung" zu befinden –, wird diese deine Intention dein Gegenüber auch ohne Worte berühren und zu einer anderen als der üblichen Reaktion veranlassen.

Doch nicht nur in der Konfrontation mit anderen Menschen solltest du dich in der Entfaltung dieser stärksten aller Kräfte üben – vor allem für dich selbst hast du zu sorgen, willst du bereit sein, die Liebe auf andere Wesen und Welten auszudehnen. Jede wahre Heilung von einer Krankheit oder einem psychologischen Leiden geht einher mit der maximalen Anhebung von Selbstliebe und Selbstvergebung. Erst musst du mit dir im Reinen sein, bevor du wirklich fähig bist, es auf andere auszudehnen. Alles andere ist mehr oder weniger der Versuch, sich selbst zu betrügen und nicht von wahrer Dauerhaftigkeit.

So schwer, wie es manchem scheint, ist es nicht mit der Selbstliebe, vorausgesetzt, du möchtest nicht dem schöpferischen Ursprung – ob du IHN oder ES nun Gott nennst oder nicht – Versagen unterstellen. ES hat dich geschaffen, mit all deinen Schwächen und Vorzügen, und du bemühst dich stets, das Beste daraus zu machen. Selbst wenn dir das nicht immer gelingt, gibt es keinen Richter und Henker, der dir dies übelnehmen würde, außer du selbst. Du allein bist die richtende Instanz, die über dein

Befinden entscheidet. Natürlich ist dir das in der Verstrickung der Erdenwelt nicht gegenwärtig – nichtsdestotrotz ist es eine Tatsache, dass kein anderes Wesen außer dir in deinen „höheren" Aspekten an deiner Be- und Verurteilung beteiligt ist. Es stehen dir Bewusstseinskräfte hilfreich zur Seite, um adäquate Entscheidungen zu treffen, doch sie werden dich niemals zu etwas drängen, und wenn du, aus welchen Gründen auch immer, zu Selbstverurteilung neigst und meinst, du müsstest etwas ausgleichen oder gut machen, ist das dein Gesetz, und niemand wird es ändern. Warum also nicht gleich damit beginnen, dich allen vermeintlichen Sünden zu stellen und sie dir vergeben? Eine bessere Vorkehrung, um dereinst, wenn es an der Zeit ist, dass du diese Erdenebene wieder verlässt, im „Himmel" und nicht in der selbst geschaffenen Hölle zu landen, gibt es nicht.

Du darfst auch lernen, dir wieder zu vertrauen. Vieles wird zerstört durch eure Art und Weise, die Kinder zu erziehen. Nicht das Stärken des Urvertrauens, des Zutrauens in die eigenen Kräfte und in die Fähigkeit, aus sich selbst heraus intuitiv richtige Entscheidungen zu treffen, wird gefördert, sondern mit Vorschriften, Regeln und Anweisungen wird ein passendes Mitglied der Gesellschaft geformt. Dieses mag ja dann vielleicht „pflegeleicht" und „lieb" sein, aber ist es ein wahrer Mensch in seiner ganzen Kraft und Schönheit? Als Erwachsene müsst ihr dann ständig um euer Recht kämpfen, um Anerkennung und darum, von den anderen überhaupt wahrgenommen zu werden. Da ihr euch selbst kaum mehr wahrnehmen könnt, seid ihr fast zwingend darauf angewiesen, und so manche Sucht hat in dieser Sehn-Sucht ihre Ursache. Großer Segen könnte sich für die gesamte Gesellschaft entfalten, würden die neuen Erdenbürger darin gestärkt, der Liebe Ausdruck zu geben und dürften sie uneingeschränkt die Liebe und Wertschätzung der sie umgebenden Menschen, denen sie anvertraut sind, erfahren.

Du kannst als Erwachsener dieses Defizit wieder ausgleichen, indem du beginnst, die göttliche Essenz in jedem Wesen, das dir begegnet, zu sehen und anzuerkennen. Das wird dir ermöglichen, dieses Wesen als perfekten Ausdruck der schöpferischen Erfahrungswelt wahrzunehmen – unabhängig davon, was es in der Welt gerade tut oder lässt – und es so in deine Liebeskraft einzubeziehen. Schaffst du es, dieser Wertschätzung Ausdruck zu verleihen, wird diese unweigerlich mehr und mehr wieder zu dir zurückfinden. Rufe die Kraft der Liebe in dir in Aktion, indem du ihr Wirken beständig anerkennst, das genügt schon. Es braucht weniger lange Gebete und Bitten als aktives Tun. Das ist der Grund, warum karitative Arbeit so wohltuend auf die Charakterbildung wirkt und warum Menschen, die sich sehr für andere engagieren, oft ein weit offenes Herz haben, mit dem sie andere berühren und heilen können. Das geschieht ohne eigenes Zutun und Wollen, gelingt es dir, die Liebeskräfte voll zu entfalten. Wir stehen dir dabei jederzeit hilfreich zur Seite und bauen darauf, dass mehr und mehr Menschen in dieses Geheimnis eintauchen und es sich zu eigen machen.

## Weibliche Kräfte sich entfalten lassen
## (Mutter Maria)

Gestatte dir, still zu werden und den sachten Impulsen zu lauschen, die immerfort aus deinen Tiefen an die Oberfläche drängen. Nicht im lauten und bunten Treiben der Welt wirst du die wahre Erfüllung finden, nach der sich dein Herz so sehr sehnt. Du weißt mitunter gar nichts von diesem Drängen und findest allerlei Kurzweil, die dir dazu verhilft, dessen nicht gewahr zu werden. Halt inne, schaue dich gelassen um, lausche der Stimme des Windes, die vielfältigen Geräusche um dich herum. Benutze sie als Gefährt in deine eigene Geräuschlosigkeit, die tief im Zentrum deiner Gegenwärtigkeit wartet.

Viele Menschen wissen nichts mehr anzufangen mit Stille. Die Stille, die sich dir schenken will, ist so viel mehr als die Abwesenheit von Geräusch. Benutze die Geräusche der Welt als Gefährt in den ruhigen Hafen deiner eigenen Tiefen, die sich dir mühelos schenken, wenn du deine Aufmerksamkeit nach innen lenkst und die Ablenkungen der Welt ignorierst. Und in dieser Stille wirst du das Wertvollste finden, was ein Mensch nur finden kann: dich selbst, so, wie dich Gott geschaffen hat. Nackt und rein. Unbefleckt von allen Dogmen, Schanden und vermeintlichen Sünden der Menschenwelt. Rein und frei für die Welt – wie immer sie sich zu gestalten gedenkt.

Es ist nicht deine Aufgabe, diese Gestaltung zu vollbringen. Das Leben entfaltet sich von allein, ohne dein bewusstes Zutun. Du bist der teilende Beobachter und staunende Betrachter dieses sich entfaltenden Wunders – nicht mehr, doch auch nicht weniger. Du kannst deine eigene Welt gestalten, im Rahmen dessen, wozu du Resonanzen zu entwickeln gedenkst, und so dein eigenes Erleben strukturieren. Doch die Entfaltung des Großen und Ganzen obliegt nicht dir.

Im Bewusstsein der Einheit des All-Eins-Seins wirst du erfahren, dass du im Licht der Gegenwart, die ICH BIN, dich als Erschaffer, Erhalter und Beweger erfährst –, und doch ist die kollektiv erlebte Welt das Werk vieler. Dieses Paradox aufzulösen ist das Schwierigste, bist du erst einmal dessen gewahr geworden, das du das eine bist. Denke also nicht, mit der sogenannten Erleuchtung sei alles vollbracht und vollkommen. Der Zustand, den ihr mit diesem Wort beschreibt, ist zuerst einmal „nur" das Zurückfinden in das eigene Wesen, frei von Verzerrungen, Illusionen und Geschichten, die der frei fluktuierende Geist/Verstand erzählt. Doch ist eure Verstrickung in dieses Schauspiel derartig tief, dass ihr das Wiederfinden eures natürlichen Zustands als die große Befreiung erlebt. Doch es gibt so viel mehr!

Die Engel- und Meisterkräfte – zu denen auch ich gehöre – können dich führen, leiten, trösten und schützen. Doch sie können dir nicht die Erfahrung und die ureigene Erkenntnis abnehmen. Das kannst nur du selbst machen, jenseits all dessen, was du zu wissen glaubst und zu kennen meinst. Wir können Hinweise geben, können versuchen, deine Aufmerksamkeit auf die Wahrheit und die Erkenntnis zu lenken, aber wir können diese nicht bei dir auslösen oder machen. Ist dir dieses klar, vermeidest du von Beginn an falsche Erwartungen und das Aufbauen von Illusionen im Umgang mit den Kräften der höheren Bewusstseinsebenen. Wir alle mussten diese wie ein Weg erscheinenden Schritte selbst tun, bis wir im Licht der Erkenntnis staunend sehen durften, dass kein Weg zurückzulegen war. Du fragst dich nun vielleicht, warum du dich dann überhaupt auf die sogenannten höheren Kräfte einstimmen und dich mit Engeln, Meistern und anderen hilfreichen Wesen befassen sollst, wenn sie dir schlussendlich doch nicht helfen können, dorthin zu gelangen, wohin du möchtest. Wir können sehr wohl inspirieren, dich zu Orten und Situationen führen, die dir helfen, Erfahrungen zu machen, können lenkend und leitend zur Seite stehen und dich trösten im Dunkel deiner Unwissenheit. In diesem Sinne ist es von unschätzbarem Vorteil, offen zu sein für diese hilfreichen Interventionen.

Dankestafeln an heiligen Plätzen zeugen von tiefen Wandlungen, die an diesen Orten in den Menschen stattgefunden haben. Und wenn es nur ist, dass sie sich hier einer höheren Macht verbunden fühlen und dieser zu vertrauen beginnen, ist schon viel gewonnen, und häufig genug ist auch eine physische Heilung das Resultat eines solchen inneren Überantwortens. Das ist der erste Schritt hin zu der Erkenntnis, dass nicht der Mensch in seiner begrenzten kleinen Welt, die er mit seinem Verstand zu regieren versucht, der Herrscher ist. Natürlich, wenn ein Mensch dann stehen bleibt in der Meinung, er brauche eine höhere Instanz oder irgendein anderes Wesen für seine eigene Erlösung und Errettung, ist er noch weit von der innewohnenden Freiheit entfernt. Doch ist erst einmal ein Samen gesetzt, wird diese Erkenntnis mit Sicherheit eines Tages reif sein und Früchte tragen. Du, der du gewählt hast, nicht bis zum Ende deiner Tage zu warten, kannst dich der inneren Wahrheit öffnen, wann immer du möchtest. Die wahre Freiheit steht dir jederzeit zur Verfügung, und nichts und niemand kann dich davon trennen. Diese Trennung ist eine Lüge, eine schmähliche Illusion. Natürlich, die physische Welt, so, wie sie dir als normal bekannt ist, unterliegt den bekannten Gesetzen von Zerfall und Verderb, nichts währt ewig in ihr, und die Suche danach ist müßig und ein Verneinen der offensichtlichen Realität. Doch wer die Welt hinter der Welt schaut, ist von dieser Bedrohung auf immer frei.

Man bezeichnet mich als Mutter, als gütige Frau, als heilige Jungfrau, ihr betrachtet mich als Urmutter der Christenheit und bringt mir Verehrung entgegen als Verkörperung der Reinheit und Liebe. Was bedeutet das alles? Welches Symbol bin ich für euch?

Ich habe ein Leben gelebt wie auch ihr. Ich habe geliebt und gelitten und eine reine Seele empfangen, die bestimmt war, der Menschheit ein Beispiel und Mahnung zu sein. Denkt ihr, es war leicht, ihn zu lieben und herzugeben? Auch in mir lebte der Instinkt der Mutter, die Manifestation des Fleisches, das Bedürfnisse hat, die Emanation der Gefühle angesichts der Tatsachen, die das Leben meines Sohnes betrafen. Doch dieser Sohn war nicht mein Sohn, genauso wenig wie eure Kinder eure Kinder sind – auch das war mir jederzeit bewusst. Diese Seele kam zu mir, weil ich bereit war, dieses Wissen in der relativen Welt der Stofflichkeit und Atome in die Anwendung zu bringen. ER brachte die Erkenntnis und die Gegenwärtigkeit des Einen in der Vollendung zum Ausdruck, auf dass die hungernde Menschheit sein Beispiel erkenne und ihm nachfolge. Ich nahm es auf mich, ihm dabei behilflich zu sein. Dieser Art ist auch die Hilfestellung, die die lichten Wesen euch geben können – sie ermöglichen und schaffen Bedingungen, in denen ihr eure Wahrheit optimal zum Ausdruck bringen könnt.

Vieles was über mich gesagt und gedacht wird, entspricht nicht der Wahrheit – doch wen stört das? Wichtig ist doch vielmehr, dass die Menschen in der Hinwendung zu mir eine Verinnerlichung und das Gefühl von Hilfe erfahren. Dass sie Vertrauen und Hingabe entwickeln. Dass dabei auch mir viel übertragen werden soll, aus Trägheit und eigener Bequemlichkeit, steht auf einem anderen Blatt und bleibt ohne Folge, zumindest für mich.

Ich trage im Besonderen Sorge für alle Frauen, die sich entscheiden, die Rolle der Mutter in dieser Welt zu übernehmen, und unterstütze sie dabei, diesen wertvollen Beitrag für die Menschheit in Liebe und Respekt vor dem Leben zu übernehmen, ohne sich selbst darin zu verlieren. Nichts ist so hilfreich dabei, das Staunen wieder zu entdecken, als ein Kind zu gebären. Das Wunder des sich selbst ständig erneuernden, physischen Lebens ist eines der großen Geschenke dieser Welt. Doch wie häufig bleibt nach der Geburt des Kindes die eigene Weiblichkeit der Frau auf der Strecke, und sie ist „nur" noch Mutter. Wer sagt, dass Mütterlichkeit und Weiblichkeit sich ausschließen? Muss Mutter sein bedeuten, sich aufzuopfern und selbst zu verleugnen, zum Wohl des Kindes?

Damit ist nicht gesagt, dass Stillen und das Versorgen des Kindes nicht weiblich wären, doch dieser Aspekt ist hier nicht gemeint. Das beinhaltet große Kraft und eine tiefe Verbindung zu Lebendigkeit und Vitalität. Wovon ich spreche, ist die weibliche Urkraft, die Shakti, die erschaffende Kraft der Welt, die besonders in den verkörperten Frauen zum Ausdruck kommen sollte – so ist diese Welt der Erfahrungen gedacht. Insbesondere die Frauen der westlichen Welt sind sich dieser Kraft überhaupt nicht mehr bewusst. Sie versuchen mit dem ihnen gegebenen weiblichen Körper zu leben wie die Männer mit dem ihrem. Das ist wider die Natur und wird Folgen für die einzelne Person wie auch für die ganze Gesellschaft haben. Stehen die Frauen nicht mehr an dem für sie richtigen Platz, stimmt das ganze Gefüge nicht mehr. Ihr Frauen wollt das vielfach nicht hören, habt genug von Gängelei und Unterdrückung und nach Jahrtausenden der männlichen Vorherrschaft genug davon, ein Schattendasein zu führen. Zu Recht, will ich meinen. Doch es ist wichtig, nicht über das Ziel hinauszuschießen. Es ist nicht die Zeit für die Errichtung eines neuen Matriarchats, sondern für ein sinnvolles Miteinander von Mann und Frau.

Entgegen euren kirchlichen Darstellungen gab es dieses in der Gemeinschaft, in der ich zu der Zeit lebte, als ich IHN empfing. Nicht in der gesamten Zivilisation, doch in kleinen Gruppierungen wussten wir durchaus um die harmonischen Gesetze des Lebens, die nichts gemein haben mit den Dogmen und Vorschriften der Institutionen und weltlichen Machtzentren. Wir lebten im Einklang mit unserer eigenen und der uns umgebenden Natur. Dieses Leben entbehrte viel von dem, was ihr heute als Fortschritt und Errungenschaft anseht, und doch war es in vieler Hinsicht reicher als euer heutiges. Das Gefühl innerer Leere, das euch heute oft erfüllt, war uns vollkommen unbekannt. Natürlich haderten auch wir hin und wieder mit den Umständen, litten Hunger oder anderen Mangel oder empfanden Behandlungen als ungerecht, doch nie verloren wir die Gewissheit unseres inneren Wesens. Das ist der Schlüssel zur Erhebung über alle irdischen Verwirrungen, so schmerzhaft sie auch sein mögen.

Wie nun gelangt frau heute zur Quelle ihrer weiblichen Kraft, die sich so deutlich von der männlichen unterscheidet, und dazu, sie im alltäglichen Leben zum Ausdruck zu bringen? Gehe davon aus, dass diese Kraft vorhanden ist. Gestehe dir zu, anders zu sein als ein Mann. Versuche, dich als gleichwertiges, aber vollkommen anders geartetes Wesen anzuerkennen. Du brauchst keinem Mann auf dieser Welt zu beweisen, dass du in der Lage bist, deinen Mann zu stehen. Das kannst und sollst du auch gar nicht. Du sollst mit Haut und Haaren eine Frau sein, mit all den vermeintlichen Schwächen und vielen Vorzügen und Stärken. Das ist der erste Schritt. So lange du versuchst, in einer noch immer von Männern dominierten Welt die Oberhand zu behalten und es ihnen in punkto Machtstreben und Dominanz gleichzutun, bist du zum Scheitern verurteilt, und der Zugang zur Kraft bleibt verschlossen.

Ehre und achte die Andersartigkeit des weiblichen Körpers, indem du seine Bedürfnisse respektierst und achtest. Er hat andere Aufgaben und Notwendigkeiten als der eines Mannes. Räume ihm die Zeit ein, die er für Rückzug und Regeneration braucht, wenn die Zeit des Mondes kommt. Versuche nicht, einfach weiterzumachen und schamhaft die Ergießung des Lebens in Form des Blutes zu verdecken. Stehe dazu und genieße es. Es ist im Moment die von den Frauen gewählte Erfahrung, und es ist wichtig und sinnvoll, bewusst daran teilzuhaben. Nutze diese Zeit für die innerliche Erneuerung, indem du alles Alte, Belastende und Überholte loslässt. Du hast als Frau die einmalige Chance für einen regelmäßigen „Hausputz" in deinem Körper, die dem Mann versagt bleibt. Betrachte diese „Sache" nicht länger als Fluch, sondern als Segen, und alle eventuell damit verbundenen Beschwerden werden bald verschwinden.

Richte dir einen Platz ein, der der Verehrung der Weiblichkeit im Außen geweiht ist und dich immer wieder daran erinnert, es als Geschenk zu betrachten. Das muss nichts Großes und viel sein, ein kleines Etwas genügt für diesen Zweck. Es sollte nur jeden Tag gut sichtbar für dich sein. Wenn du Rituale liebst, spricht nichts dagegen, hier auch hin und wieder eine Kerze anzuzünden, die du dir selbst als Weib weihst. Ich benutze das Wort Weib hier ganz bewusst, um es aus seinem Schimpfwort-Dasein zu befreien. Ruft es in dir Widerstände hervor, ist das ein sicheres Zeichen, dass du deine WEIBlichkeit noch nicht voll bejahen kannst.

Du brauchst als Frau auch ein oder zwei gleichgeschlechtliche Verbündete, die dir zuhören und beistehen, wenn du in Nöten bist. Das entspricht dem weiblichen Wesen und ist wichtig für das seelische Gleichgewicht. Doch verfallt nicht in das zu Recht verachtete „Tratschbasentum" –, darum geht es dabei nicht. Vielmehr um Unterstützung, um gemeinsames Finden in die weiblichen Werte, die ein Mann nicht verstehen kann. Der Versuch, das mit einem Mann zu teilen, ist zum Scheitern verurteilt, und viele eurer partnerschaftlichen Schwierigkeiten hängen damit zusammen, dass ihr eure Unterschiedlichkeit nicht anerkennt und wertschätzt und so vom Partner verlangt, genau wie ihr zu sein und alles genauso zu sehen und zu verstehen. Das geht nicht.

Und nun zum Wichtigsten: Vertraue deiner Intuition! Du hast als Frau den perfekten Zugang zu allen hilfreichen leitenden Kräften in dir, viel leichter als ein Mann. Durch all die Jahrtausende der Unterdrückung wurde das Vertrauen dahinein grundlegend zerstört. Es wurde euch gesagt, ihr hättet Unrecht, keinen Verstand und wärt außer zum Kindergebären und zum Hausputz zu nichts nutze. Das müsst ihr vergessen und aus eurem Zellgedächtnis tilgen. Die Frau ist dazu bestimmt, die leitende Instanz zu sein, denn sie verfügt über die Instinkte zur Fügung, zum Verweilen in der Präsenz und zum intuitiven Wissen, was in diesem Moment richtig oder falsch ist, noch bevor die urteilende Instanz des Verstandes einsetzt. Das wird den Männern von heute nicht gefallen, zu lange sind sie es gewohnt, die klare Oberhand in allen Dingen zu haben, und es fällt ihnen schwer, der Partnerin zu vertrauen, zu derartigem in der Lage zu sein. Das Problem der Männer ist die Überwindung des Kontrollbedürfnisses, das der Frauen das Wiederfinden des Vertrauens in die eigene sanfte Kraft und Stärke. Haben beide das gemeistert, ist eine wunderbare harmonische und erfüllende Partnerschaft garantiert.

Was macht die weibliche Kraft aus? Sie bezieht ihre Stärke aus der Sanftheit, die kein Gesäusel ist, aus der Fähigkeit zur Vergebung, die keine Selbstverleugnung ist, aus der Demut und Hingabe, die aus dem Erkennen des übergeordneten Plans resultiert, aus der Gabe, die eigenen Bedürfnisse auf ein Minimum herunterzuschrauben, zum Wohl des Ganzen und ohne sich dabei als Opfer zu fühlen. Viele der Frauen heute leben jedoch immer noch genau diese destruktive Seite und brauchen sich so nicht über die mannigfachen Probleme – auch körperlicher Art – zu wundern, die das Frausein mitzubringen scheint. Bei derartig massiver Verleugnung der wahren weiblichen Kraft kann der Körper gar nicht anders, als die Zeugnisse der Weiblichkeit wie Gebärmutter, Eierstöcke oder Brüste als feindlich anzusehen und sie zu zerstören. Krankheiten vieler Art sind die Folge, und die seelischen Wunden sind häufig noch schmerzhafter als die körperlichen. Mancher

Frau wurde nach Entfernung der Gebärmutter oder Amputation einer Brust bewusst, wie sträflich sie mit diesen Geschenken umgegangen ist. So weit muss es nicht kommen. Erwecke die Kraft in dir, Frau, und werde zu einem wahren Weib jenseits der Manipulation der Männer durch weibliche Reize, und du wirst das Leben in diesem wunderbaren Körper auf neue Weise zu schätzen wissen.

## Gnade walten lassen – Ein Exkurs in die Gesetzmäßigkeiten der Liebe (Inspiriert von Meister Hilarion)

Gewähre mir die Einmischung in die Belange deines Lebens, die Wahrheit, Klarheit und Gegenwärtigkeit erfordern. Auf deine Bitte hin bin ich stets bereit, dir in diesem Sinne beizustehen. Niemals mische ich mich oder ein anderer Meister der höheren Bewusstseinsfelder sich ungefragt in dein Leben ein.

Mein Ruf an dich ergeht jeden Tag deines Lebens aufs Neue – ob du ihn erkennst und wahrnimmst, liegt nicht in meiner Macht und Gewalt. Ein Menschending ist es, anderen die eigene Meinung aufzudrücken und sie von der Richtigkeit der eigenen Wahrheiten überzeugen zu wollen. Wer soll der Zeuge sein, der den Wahrheitsgehalt bestätigt? Das kann nur eine Ebene der Bewusstheit, die dir im Allgemeinen noch nicht zugänglich ist und die doch stets darauf wartet, dass du sie entdeckst.

Ich bin fest verankert in dieser Bewusstheit, und darum ist es mir möglich, dich zu inspirieren, zu leiten und zu führen. Ich bin in Bereichen zu Hause, in denen die Liebe alleiniger Beweggrund für Handeln und Denken ist. Nicht möglich ist es, in ihrem Licht anderen Schaden zuzufügen – sei es nun unbewusst in bester Absicht oder gar willentlich. Du kannst das Walten der Gnade, die die reine Liebe ist, oft in deinem Leben nicht erkennen und beklagst dich bitter über Umstände, Personen und Orte. Aber warum befindest du dich in dieser Situation? Meinst du, das bösartige Schicksal spielt dir allein übel mit, während andere nur vom Leben begünstigt sind? Derartige Überzeugungen einer höheren, lenkenden und vor allem richtenden Instanz sind tief in eurem Kollektiv verankert, sodass eine der Hauptaufgaben der Inspiratoren der Menschheit darin besteht, diesen Irrtum aufzuklären.

Wie entfaltet sich „Schicksal", wie entstehen die Situationen deines Lebens, warum widerfährt dir etwas und jemand anderem nicht? Was lenkt und leitet dein Leben?

Du selbst bist es. Du ganz allein. Natürlich ist das deinem verkörperten Ich nicht bewusst, und es verrennt sich in vielerlei Interpretationen und Irritationen. Und jeder dieser Irrwege führt weiter in die Verstrickung und das Vergessen. Ganz tief ist die Menschheit inzwischen in ihrem eigenen Denken und Handeln versunken, ohne zu bemerken, dass die leitende Instanz der wahren Gegenwärtigkeit direkt und immer zugänglich ist, um die richtigen Lösungen und Wege zu vermitteln.

Ihr nennt die Instanz, die sich immer wieder aufs Neue in dieses Abenteuer stürzt, die Seele. Doch diese Seele ist nicht singulär – eure Wortwahl führt schon hier in die Irre. Die „Seele" ist die Erinnerung an zu Hause, an die Einheit und Geborgenheit in dem, was Gott genannt werden kann. Diese Seele lebt nicht in der Trennung der Individuen wie euer irdischer Verstand, und doch ist sie sich der individuellen Begabungen und Talente, aber auch der Aufgaben und Herausforderungen bewusst. Jede „Seele" übernimmt eine Aufgabe, einen Plan. Dieser beinhaltet alles, was erfahren und bekannt gemacht werden soll.

Durch eure Denkstrukturen, die auf Interpretation beruhen, entfernen sich jedoch die meisten Verkörperungen im Laufe eines Erdendaseins immer mehr von diesem Plan, anstatt ihm näherzukommen. Erschöpfung, Frustration, Versagensgefühle bis hin zu tiefer Depression sind die Folge.

Wie nun gelingt es, diesem Kreislauf zu entkommen und den eigenen individuellen Plan zu erkennen? Traue dich, der Begeisterung zu folgen! Alles, was dir Freude vermittelt und woran du auf Anhieb Gefallen findest – bevor der analytische Verstand etwas dagegen einzuwenden hat –, bringt dich auf den richtigen Weg. Halte nicht Ausschau nach großen, ruhmreichen Verrichtungen als deine besondere Aufgabe, die dich von anderen abhebt. Die persönliche Vollbringung kann in den Augen anderer unbedeutend oder gar gefährlich sein. Es muss nichts sein, was der ganzen Menschheit dient oder besonders heroisch und ausgefallen ist. Du musst nicht die Welt retten, um deine persönliche Aufgabe zu erfüllen.

Ein Maler, der voller Hingabe vor seinem Werk steht und die Welt und die Zeit vollkommen vergisst, während die kreativen Kräfte durch ihn strömen, weiß, wovon hier die Rede ist. Diese kreativen Kräfte wirken in allem, was immer Mensch denken, tun und sein kann. Eine Mutter, die sich liebevoll um ihre Kinder kümmert und dabei nicht sehnsuchtsvoll an ihren Job denkt, ist genauso in ihrem Plan wie der Dachdecker, dem seine Arbeit Freude bereitet. Vergiss die Konzepte und Strukturen, die ihr aufgebaut habt im Zusammenhang mit der Suche nach der „Seelenaufgabe". Und glaube nicht, wenn dir jemand sagt, es gäbe nur eine einzige, ganz spezielle, die es zu finden gälte. In einem Erdenleben kann es verschiedene Phasen geben, in denen jeweils etwas anderes zur Erfahrung ansteht. Was sollte sonst aus der Mutter werden, wenn die Kinder aus dem Haus sind und ihren eigenen Weg gehen? Gäbe es nur eine einzige „richtige" Aufgabe, wäre sie gänzlich ihres Sinns beraubt und würde in Selbstmitleid versinken. Richtigerweise hält diese Mutter nun Ausschau nach dem nächsten, was sie begeistert und ihr Freude bringt. Nicht selten erwachen so in höherem Alter wunderbare kreative Kräfte und erfreuen die Mitmenschen. Sie muss sich nur trauen, den Wünschen aus dem Inneren zu folgen, ohne die Einwände des Verstandes zu beachten.

Genau hier liegt das häufigste Problem eurer Gesellschaft. Wie kann ein Mensch, der voller äußerer Zwänge steckt, den kreativen Inspirationen der „Seele" folgen? Ängste sind ein schlechter Ratgeber. Doch eure gesellschaftliche Struktur ist auf Angst aufgebaut. Das ist auf den ersten Blick nicht sofort sichtbar, doch schaut einmal genau hin und überprüft die Motivation für politische und kollektive Entscheidungen, und ihr werdet mir Recht geben müssen. Es ist nicht leicht, sich als Individuum aus diesem Sumpf zu befreien. Doch versuche es immer und immer wieder. Viele hilfreiche Kräfte stehen zur Verfügung, ist ehrliches Bemühen zu bemerken. Fürchte dich nicht vor den Folgen deines Handelns. Folgst du einem Impuls aus dem Inneren, wird sich alles zu deinem Besten fügen, wenn du Vertrauen hast und ihn nicht infrage stellst. Diese

Prüfung gilt es zu bestehen, dann wird die schöpferische Gegenwärtigkeit dir stets vertraut und bewusst zur Seite stehen.

Liebe nun – das Thema unserer Ausführungen – bedarf jedoch der vollkommenen Abwesenheit jeglicher angstmotivierter Handlungen. Wieso? Trägt eine Befürchtung, eine Ängstlichkeit – und um diese Konstrukte des Verstandes handelt es sich in den allermeisten Fällen – zur Motivation für eine Handlungsweise bei, bleibt kaum Raum für klare Erkenntnisse und Erwägungen. Alle Gedanken und Emotionen sind gefärbt von diesen Bedenken, seien sie nun bewusst oder unbewusst. Selbst das stete Bestreben den richtigen, besser noch, den idealen Partner zu finden, wurzelt in einer Angst. Die Angst, das Leben alleine bestehen zu müssen, ist eine der Urängste der Erdenmenschheit und jenseits des sicher in bestimmten Lebensphasen sinnvollen Fortpflanzungsbestrebens der größte Irrtum, dem ihr unterliegt.

Natürlich seid ihr als „Herdenwesen" konstruiert, und es ist nicht gedacht, als Einsiedler sein Dasein zu fristen, doch es ist möglich und erwägenswert, ob es nicht besser ist, zuerst für sich die Welt zu erkunden und sie sich zu eigen zu machen, bevor man die Schwierigkeit auf sich nimmt, alle inneren Widrigkeiten und Ungereimtheiten, die fast jeden erfüllen, mit einem Partner teilen zu wollen. Nicht unterschätzt werden darf die Herausforderung, die darin verborgen liegt – die Scheidungsraten eurer Gesellschaft geben beredtes Zeugnis davon.

Fast schon einer Sucht kommt es gleich, auf Teufel komm raus in einer Beziehung leben zu wollen. Doch jeder Sucht liegt ein verborgener Schmerz, eine Angst zugrunde. Möchtest du diese wirklich zur Basis einer sogenannten Liebebeziehung machen? Kannst du dich nicht in Alleinheit ertragen, warum willst du dich dann einem anderen Menschen zumuten? Sicher, es ist möglich, auch mit einem Partner die eigenen Tiefen auszuloten – er bietet so manche gute Gelegenheit dafür –, doch sind nicht beide vollgegenwärtig und beständig in der Lage, Projektionen, Schuldverlagerungen und Aufopferungstendenzen zu erkennen, endet die anfängliche „Liebe" häufig genug in Unfrieden, Zank und Streit.

Was kannst du tun? Ich rate gewiss nicht dazu, aus euch eine Gesellschaft der Einzelgänger und Eremiten zu machen, doch schlage ich vor, dass du, bevor du eine ernsthafte Beziehung eingehst, die auch zum Fortbestand der menschlichen Rasse beizutragen fähig ist, alle deine inneren Ungewissheiten und Bedürfnisse auszuloten. Setze keine Kinder in die Welt, bevor dir nicht klar ist, wie, wer und was du bist! Die kleinen, ungeprägten Wesen, die voller Offenheit und Neugier diese Erdenwelt betreten, haben ein Recht darauf, in einem Umfeld der Weisheit und Geborgenheit aufzuwachsen, anstatt den pubertären Reibereien ihrer Eltern ausgesetzt zu werden.

Harte Worte, das weiß ich wohl – doch seht euch doch in der Welt um: Vieles von den Defiziten, die in der Kindheit aufgebaut werden, spiegelt sich in allen Schichten der Gesellschaft wider, und Akzeptanz, Fürsorge und Liebe bilden noch immer die Ausnahme und erregen Aufmerksamkeit. Noch seid ihr nicht bereit, diese Anregung wirklich umzusetzen, doch je mehr Menschen auf diese Weise zu wahren Eltern werden, desto eher wird sich über die Generationen hinweg ein neues Bewusstsein für die ganze Erde entwickeln. Es ist an der Zeit.

Sei nicht traurig oder frustriert, wenn für dich die Zeit des Elternwerdens bereits hinter dir liegt und du Versäumnisse erkennst. Jeder trägt auf seine Weise dazu bei, das Puzzle zu ergänzen, und diese Betrachtung hat natürlich viele Schichten (Ebenen). Es ist ein Unding, jahrtausendealte kollektive Vorgehensweisen nun in einigen Jahren umstürzen zu wollen, und so liebe und achte dich dafür, dass du in der großartigen Zeit des Umbruchs und des Heraufdämmerns eines neuen Paradigmas für die Menschheit zu leben gewillt bist.


Was bedeutet das nun für die Suche nach einem Lebenspartner? Zuerst gib diese Suche auf! Wenn du zu suchen beginnst, kannst du alles Mögliche finden – aber ob es das ist, was im Moment gut und passend für dich ist, bleibt dabei außen vor. Lerne, dich selbst zu erkennen, zu lieben und zu akzeptieren. Sei allein mit dir und deinem Schmerz und vermeide jede Ablenkung. Getraue dir hinzuschauen, was immer dich bewegt. Nimm an, was immer in deinen Tiefen schlummert. Erforsche dich jeden Tag ein Stück mehr. Beobachte deine Verhaltens- und Reaktionsweisen, unabhängig von bestimmten Personen. Achte darauf, welche Art von Menschen du anziehend und attraktiv findest und halte bei dir selbst Ausschau nach diesen Attributen. Lass alle deine anscheinenden Unzulänglichkeiten fallen. Getraue dich, in den Spiegel zu schauen und zu sagen: „Wow, interessant, das ist mein äußerer Ausdruck. Ich liebe mich mit allem, was mich auf dieser Ebene ausmacht, denn ich habe gewählt, so zu sein, um bestimmte Erfahrungen zu machen, und ich ehre und achte mich dafür. Ich danke mir."

Übe, in Situationen, in denen du in Kontakt mit anderen Menschen bist, nicht zu reagieren, sondern zu agieren. Lass anscheinende Kritik auf dich wirken, ohne gleich zurückzuschießen. Erwäge, ob der andere dir nicht vielleicht hilfreiche Hinweise über dich gibt, ohne es zu wissen und zu wollen. Übe, den anderen Wertschätzung und Achtung entgegenzubringen, auch wenn sie nicht so sind und tun, wie du es gerne hättest. Übe, gelassen zu bleiben, wenn der äußere Trubel alle zu überrennen scheint. Übe, deinen inneren Impulsen zu vertrauen und dich von niemandem davon abbringen zu lassen. Übe, in klaren, einfachen Worten, ohne jede Anklage und Schuldzuweisung, anderen zu sagen, wenn du mit etwas nicht einverstanden bist. Übe.

Damit solltest du eine Weile beschäftigt sein. Und da du während dieser Zeit nicht von der Suche nach einem Partner abgelenkt bist, legst du auch andere Maßstäbe an die Menschen, die dir in dieser Zeit begegnen. Du entwickelst dich, ohne andere verändern zu wollen, und beginnst, bei dir das zum Vorschein zu bringen, was du dir von einem Partner wünschen würdest. Und da du nicht am Suchen bist, wird sich eines Tages – wie im schönen Märchen – ein Prinz oder eine Prinzessin durch die Dornen- hecke zu dir durchschlagen können und dich wachküssen. Ohne dass du es wolltest. Und dieser oder diese wird viel mehr so sein, wie du es in deinen alten Träumen gese- hen hast, als du es für möglich hältst. Warum? Weil du so geworden bist und keine Projektionsfläche mehr bietest für die Problemkämpfe, aus denen die meisten Partner- schaften bestehen. Dieser Weg ist sicher nicht der ein- fachste, doch der einzig mögliche für eine wahrhaft stabile Partnerschaft, die auf sicherem Fels ruht – dem Fels der eigenen Bewusstheit und Gegenwärtigkeit, die der erste Ausdruck der wahren Liebe ist. Und Gnade wird in jedem Augenblick strömen und auch andere Menschen berei- chern können.

## Finde dich neu (Dem Feuerhüter begegnen)

Dynamische Kräfte, die sich frei entfalten dürfen, sind die Grundbausteine allen Lebens. Alles auf und in dieser wunderbaren Erde unterliegt Gesetzmäßigkeiten, von denen die Menschheit bisher nur ansatzweise Ahnung hat.

Ihr meint, bereits viel zu wissen und rühmt euch eurer Erforschungen, doch viele der ursächlichen und elementaren Prozesse entziehen sich bis heute eurer Wahrnehmung. Es ist nicht so, dass ihr nicht die Möglichkeiten dazu hättet, ihr schaut nur nicht genau hin oder, besser gesagt, mit den falschen Erwartungen. Die Prozesse der Natur entfalten sich in den seltensten Fällen in linearer Weise, und so bringt die Suche nach den kleinsten Bausteinen und dem Zuerst oder Zuletzt euch nicht wirklich weiter im Sinne des wirklichen Verstehens. Ihr denkt nur in Ursache und Wirkung, und so fällt es schwer, die wahren Zusammenhänge zu ergründen, die sich in komplexen Wechselwirkungen nicht nur auf und mit der euch bekannten materiellen Ebene vollziehen. So lange ihr nicht bereit seid, die Existenz einer Wahrheit anzuerkennen, die Demut und Hingabe an ein größeres „Etwas" als Grundvoraussetzung mitbringt, wird euch immer nur ein kleiner Ausschnitt einer wunderbaren Welt zugänglich sein.

Wir Wesen der Elemente sind Kräfte, die sich jeglicher eurer Definitionsmöglichkeiten entziehen. Ihr analysiert, seziert und katalogisiert unsere physischen Körper und versucht so zu verstehen, worum es sich handelt. Aber ebenso wie bei eurem wahren Wesen ist auch das nur ein minimaler Aspekt all dessen, was wir zu sein belieben. Genug für Menschen, die auch für sich selbst nicht mehr als das benötigen und wissen wollen, doch alle anderen sollten sich nicht damit zufriedengeben.

Warum solltet ihr über das Wesen und Wirken der Elementarkräfte informiert sein? Ganz einfach: Alles, was du sein kannst auf dieser Erde und weit darüber hinaus, ist von ihnen durchdrungen, genährt, geformt und erhalten. Kennst du diese Kräfte – so weit dir es aus deinem momentanen Blickwinkel heraus möglich ist –, lernst du auch dich immer mehr kennen. Viele ursprünglichen Völker, die ihr heute als rückständig betrachtet, hatten eine viel stärkere Verbindung und damit auch Erfahrung mit uns. Doch auch bei ihnen ging es oft nicht weit genug und verlor sich manches Mal in reinen rituellen Handlungen, die ihren Sinn nicht mehr offenbarten. Dem erwachten Menschen von heute genügt das nicht mehr, er ist nicht länger bereit, Dinge zu tun, die er nicht versteht. Das ist gut so und ein wichtiger Schritt weg vom Aberglauben und ängstlichem und devotem Umgang mit anscheinend unbeherrschbaren Kräften. Die Achtung und der Respekt, die nötig sind, um zu wahrem Verständnis durchzudringen, haben nichts zu tun mit ritueller Verehrung aus Unkenntnis und Kleingläubigkeit heraus.

In alten Zeiten waren die Kräfte der Natur für die Menschen eine wahre Bedrohung in ihrem Überleben, und sie sahen in ihnen etwas Übernatürliches, dem sie sich unterzuordnen hatten – dabei sind wir ganz und gar nicht übernatürlich, sondern die Natur selbst. Heute meint ihr, weitestgehend sicher zu sein, und kein Gewitter versetzt euch mehr in heillosen Schrecken und scheint der Zorn rachsüchtiger Götter oder Dämonen zu sein. Aber noch immer steht ihr mit eurer Technologie den Mächten der Natur hilflos gegenüber, wenn sie ihre Kraft einmal ansatzweise entfaltet. Da hilft keine Versicherung und kein Stahlbeton: Ihr seid in eurer leiblichen Menschlichkeit verletzbar und endlich! Das ist erschreckend und wunderbar zugleich, wobei kollektiv der Aspekt des Schreckens eine ungebührliche Überbetonung erfährt.

Was nun kann euch besser das Wesen von Transmutation zeigen als ein Feuer in all seiner Schönheit und anscheinend zerstörerischen Kraft. Nichts fasziniert die Menschen mehr als das Wirken der Feuerkraft. Lange bevor sie dazu übergingen, die lebensspendende Wirkung zu entdecken, die es schlussendlich erst ermöglichte, eine stabile Zivilisation herauszubilden, wirkte eine große Ehrfurcht und gleichzeitig eine stille Sehnsucht in ihnen, die sie bewog, sich mit dieser Elementarkraft auseinanderzusetzen.

Seht das Wirken des Feuers als Basis allen Werdens. Natürlich niemals losgelöst von allen anderen Kräften, doch ohne die Feuerkraft ist kein Werden, keine Wandlung, keine Verschmelzung, kein Neuentstehen möglich. Für jedes Stück lebenstragender Einheiten ist es unabdingbar, die transformierende und gleichzeitig vereinheitlichende Kraft zu betrachten, um zu verstehen. Seht sie nicht nur in den Flammen eurer Lager- und Ritualfeuer, das Wirken ist viel mehr und weiter. Kein Prozess in der

Natur ist ohne Feuerenergie möglich – Flammen sind nur ein äußerer Ausdruck. Selbst in eurem Körper und eurer Psyche geht nichts ohne Feuer. Kein Feuer, keine Elektrizität, kein Austausch, keine Energiegewinnung aus stofflichen und feinstofflichen Nahrungen. Elementar. Unersetzlich. Unzerstörbar. Ewig. Rein.

Und was macht der Mensch daraus? Er baut Atombomben, um zu zerstören und zu vernichten. Er beutet die Erde aus auf der Suche nach Feuer: Energie! Selbst dem Wasser versucht er, sie zu entreißen und zerstört dabei unersetzliche Lebensräume von Mensch und Tier. Sicher, ihr müsst, einmal entdeckt und davon abhängig geworden, den Bedarf an immer neuer Energie, die nichts anderes als die Feuerkraft ist, irgendwie decken, doch es sollte langsam möglich sein, Methoden zu entdecken, die die Natur freiwillig zur Verfügung stellt und wofür sie nicht vergewaltigt werden muss. Es ist alles vorhanden und bereitet für euch – ihr müsst es nur sehen. Eure Technologie ist mittlerweile weit genug fortgeschritten, um ohne immense Kosten die gesamte Menschheit zu versorgen. Ein Wandel der Gesellschafts- und Wirtschaftssysteme wird jedoch vonnöten sein, bevor ihr euch das kollektiv gestattet.

Genug! Du, der du dich mit einer Materie wie diesen Texten beschäftigst, weißt sicher um die angesprochenen Problematiken auf dieser Ebene. Du fragst dich sicher, was nun denn das Wesen der Elementarkräfte sein könnte, auf das ich am Anfang hingewiesen habe. Lass es mich so sagen: Wir sind Bewusstseinseinheiten, denen die Aufgabe im großen System des Werdens, Erfahrens und Staunens zugefallen ist, die Basis zu bilden, aus der heraus all das in den verschiedensten Ebenen möglich ist. Es gibt auf eurer Erde Weisheitslehren, die einiges davon verstanden haben, und es kann hilfreich sein, sich damit zu beschäftigen. Doch besser noch ist es, du kommst in die eigene Begegnung, bevor du dich durchdachten Konzepten aussetzt. Versuche zu erspüren, indem du in Kontakt gehst mit einem Element, wie es ist. Sieh nicht seine Form. Geh in Kontakt mit deinem inneren Spüren und Fühlen und verbinde dich von dort aus. Lass zu, dass wir dich berühren. Du brauchst dazu keine Gegenstände und musst nirgendwohin gehen. Du verfügst über einen Körper – das genügt.

In deinem wunderbaren Erdengefährt ist alles enthalten, erspüre es. Das geht sicher nicht über das intellektuelle Verständnis, da nicht in linearer Weise verlaufend. Du kannst jedoch mit deinen Worten, die ja dem Verstand entspringen, den Kontakt aufnehmen. Sprich innerlich die Kraft, die du erfahren möchtest, liebevoll an. Rufe sie auf, sich dir zu offenbaren, zu zeigen. Wenn du nun enttäuscht bist, dass es wieder einmal keine Erklärung gibt, sondern die Aufforderung, selbst etwas zu tun, dann lass dir gesagt sein, dass eine Erklärung dir wenig nutzt und nur dazu führen würde, dass du diese Seiten weglegst und nicht weiterliest, da dir die Wahrheit zu abstrakt, zu absurd und unmöglich vorkommen würde, glaube mir. Versuche es also, ich bitte dich. Lass dich ein auf Feuer, Wasser, Erde, Luft und Äther. Traue dich, kindlich staunend zu erforschen, was sich allen euren Gerätschaften bisher beharrlich entzieht. Tauche ein in die Erfahrungswelt deiner inneren Wunder.

Fällt es dir schwer, das mit dir selbst beziehungsweise zunächst einmal mit deinem Körper zu tun, gehe hinaus in die Natur und suche dir einen Repräsentanten der jeweiligen Kraft. Lass dich so im scheinbaren Außen auf diese Begegnung ein. Schaue, spüre, sieh mit den Augen eines neuen, wunderbaren Augenblicks und vergiss alles, was du bisher dazu gehört und gelesen hast. Werde. Wir wissen, dass das aus einem für uns nicht nachvollziehbaren Grund für euch das Allerschwerste ist. Werden, was du bist. Sein. Frei. Ohne Konzepte. Ohne Benennungen. Nur im Fühlen und Wahrnehmen. Doch nur so ist wahres Wissen möglich. Wissen, das jenseits der Worte liegt und sich auch nicht in diese pressen lassen wird.

Es ist schwer, euch dabei zu helfen, diese Erfahrung zu machen. Doch wir kommen euch mit jeder noch so kleinen Öffnung, die ihr euch gestattet, entgegen. Lass dich ein, es ist so wichtig.


Ist es dir einmal möglich, einer zeremoniellen Feuerarbeit beizuwohnen, dann nutze diese Chance. Sehr abhängig vom Fühlungsgrad des Ausführenden ist das eine großartige Gelegenheit, einen Blick in andere Reiche zu erhaschen. Es ist etwas anderes, ob du ein Feuer entzündest, um dir etwas zuzubereiten oder dich zu wärmen, oder ob du es in der tiefen Verehrung für die innewohnende Kraft tust. Das macht es dir entschieden leichter, unserer Einladung zu folgen, und du wirst entdecken, dass in jeder erleuchteten Feuerzeremonie alle Elemente zum Tragen kommen. Kein Feuer ohne Erde, auf oder in der es brennt, und ohne Holz oder andere Stoffe, die der Erde entstammen. Kein Feuer ohne Luft, ohne die es erstickt und sich nicht entfalten kann. Kein Feuer ohne Wasser, sei es in stofflicher Form, um zu regeln und zu schützen, in Form des Wasserelements, das in allem enthalten ist, was dem Feuer übergeben wird, oder auch in der rein geistigen Kraft, die die Schwester der Feuerkraft ist. Kein Feuer ohne Äther, der sich euch am Schwersten zu erschließen scheint, doch immer und alles durchdringt. Alle diese Kräfte kommen zusammen, um zu zeigen, wie Wandlung vom Groben, das das Feine in sich trägt, durch die transformierende Feuerkraft zurück in die feine Form, aus der alles entstanden ist, stattfindet. Faszination. Pur. Rein. Wunderschön und magisch.

Warum wohl wurden die der Hexerei bezichtigten Menschen verbrannt und nicht anderweitig ermordet? Um sie mit ihrem eigenen Waffen zu schlagen! Es waren Menschen, die sich dem Geheimnis des Feuers so weit genähert hatten, dass sie begannen, das Wesen der Natur und der Menschen zu verstehen, doch das konnte in einer manipulativen Gesellschaft nicht gestattet werden. Menschen im Selbstbesitz der Wahrheit sind eine Bedrohung für jedes systematische Verwalten.

Die Kraft des Feuers vermag dich zu befreien, reinzuwaschen, zu erneuern. Hab keine Angst vor der Zerstörung – ebenso wie die Elemente sich durch die Hitze wandeln, was ihr unglücklicherweise Verbrennung statt Transmutation nennt, kannst auch du diese Wandlung durchlaufen, ohne dabei zugrunde zu gehen, sondern um in einer neuen, feineren Form neu zu erstehen. Lebst du in einem stofflichen Körper, geschieht das zum einen auf einer geistigen Ebene, doch es ist auch physisch möglich, wenn du die innere Bereitschaft dazu gibst. Alle deine Zellen enthalten Brennöfen, in denen du ein inneres Feuer entzünden kannst. Das Betrachten eines äußeren Feuers mag dir dabei behilflich sein.

In jeder Sekunde deines Lebens findet in deinem Körper ein Austausch und eine Interaktion der verschiedenen Elementarkräfte statt. Du brauchst weder bewusst noch wahrnehmend in diese Prozesse einzugreifen, die von einem wunderbaren, intelligenten, selbststeuernden Mechanismus geleitet und erhalten werden. Wie ist das nur möglich, hast du dich das nie gefragt? So wenige Menschen geraten ins Staunen und Grübeln angesichts der phantastischen Aspekte der lebendigen Natur. Kein Menschenhirn war bisher in der Lage, derart komplexe Regelkreisläufe zu erschaffen, wie sie alles Leben erfüllen. Ihr lernt von der Natur, das ist wahr, und beginnt immer mehr zu sehen und zu verstehen –, aber nachahmen könnt ihr mit eurer Technologie noch immer sehr wenig davon.

Mache es dir zur Gewohnheit, täglich einmal ins Staunen zu geraten über eine der Funktionsweisen deines Körpers, deines Geistes oder auch Dinge in der Natur, die du beobachtest. Staune und lass dich fühlend ein. Nimm zum

Beispiel die erwähnten „Brennöfen" in den Zellen. Verschaffe dir ruhig die bisher bekannten Informationen darüber – dies sollte in den Zeiten des Internets nicht schwierig sein –, aber lass dich mehr noch spürend ein auf ihre Wirkweise. Scheue dich nicht, sie direkt anzusprechen, auch wenn es dir beim ersten Mal komisch vorkommt: „Hallo, meine Mitochondrien, sagt einmal, wie funktioniert ihr eigentlich? Welche Kraft beseelt euch? Wovon werdet ihr angetrieben? Woher wisst ihr, was zu tun ist?"

Lausche deinen Zellen und ihrer Wechselwirkung. Ich unterstelle diesen nicht eine selbstbewusste Bewusstheit, wie ihr sie nur dem Menschen als Ganzheit zusprecht, aber sie besitzen eine Wesenhaftigkeit, die in der Lage ist, dir Antwort zu geben. Ebenso wie alle anderen Organsysteme oder Zellverbünde. Ebenso wie der Baum oder der Vogel oder die Wesen der Lüfte und der Erde. Das Einzige, was du brauchst, ist Vertrauen in deine Wahrnehmung und die Hingabe an das Leben selbst, mit all seinen Wundern. Dann kannst du jeden Tag aufs Neue das Staunen lernen, und das Leben wird dir niemals langweilig werden, auch wenn es im Äußeren Schwierigkeit geben mag.

Rufe die Feuerkraft um Unterstützung an, wenn du dazu bereit bist, tiefe Erfahrungen mit dir selbst zu machen, und wenn du Strukturen und Mechanismen, die du als überlebt erkannt hast, in die Wandlung bringen möchtest. Auch für alle Tätigkeiten der körperlichen Aktivität wie Verdauung und Regeneration sind die Feuerkräfte hilfreiche Unterstützer. Du kannst dich im Gebet an uns wenden genau wie an die Engelskräfte, und du kannst dich fühlend ohne Worte an die Wesen wenden, die die Elemente hüten. Traue dich nur, dir kann nichts geschehen. Wir sind immer in Kontakt mit dir, und es ist nun an der Zeit für dich, dies selbst zu erfahren und den direkten Austausch zu finden. Wir sind bereit. Bist du es auch?

# Dein Körper lügt nicht (Erzengel Raphael)

Gelingt es dir, wieder mehr mit den Reaktionsweisen und Vorgängen in deinem physischen Körper in wahren Kontakt zu kommen, steht dir ein unfehlbares Instrument zur Verfügung, das dich leiten und führen kann. Jeder Gedanke und jedes Gefühl lösen vielfältige chemische Reaktionen in deinen Zellen und Organsystemen aus. Diese kannst du nicht unterbinden, sie gehören zur Wirkweise des menschlichen physischen Lebens dazu. Wenn du jedoch davon ausgehst, dass die Natur nichts Unnützes geschaffen hat, solltest du dich einmal fragen, wozu das gut sein soll. Der Sinn und Zweck kann sicher nicht allein darin bestehen, deinem Körper durch diese unwillkürlichen Reaktionen Schaden zuzufügen. Doch genau das geschieht in sehr vielen Fällen. Permanent laufen in dir (deinem Körper) diese Wirkungen und Reaktionen ab und haben Einfluss auf die Beschaffenheit und die Regenerationsfähigkeit aller Zellen und Gewebe. Die wenigsten dieser Reaktionsweisen sind jedoch so geartet, dass sie Erneuerung und Vitalität fördern. Ihr nennt das im Allgemeinen „Stress", und es gibt viel Literatur, die sich eingehend mit diesem Thema beschäftigt. Darum werden wir hier auch nicht näher darauf und auf die Auswirkungen auf den Körper eingehen.

Was uns interessieren soll ist, wie ihr euch dieses natürliche Reaktionssystem zunutze machen könnt. Gerade in einer Zeit der immer komplexeren Anforderungen an euch ist es immens wichtig, sich damit auseinanderzusetzen, wollt ihr nicht untergehen in dem lauten Getöse um euch herum. Jedem sei geraten, sich mehr und mehr auf seine eigenen Informations- und Regulationssysteme einzulassen, die unabhängig von äußerer Einwirkung funktionieren. Die Verunsicherung bezüglich der Vorgehensweisen in Bezug auf Gesunderhaltung und Vitalität wird zunehmen, das ist sicher. Umso wichtiger ist es, unabhängig zu werden von den verschiedenen Ratschlägen und Hinweisen, die euch andere geben. Und das ist möglich. Euer Körper verfügt sehr wohl über eine eingebaute Weisheit, die ihr euch zunutze machen solltet. Den wenigsten ist das bisher wirklich gelungen. Dabei ist es die einfachste und immer zur Verfügung stehende Möglichkeit, in Richtung ausgeglichene Körpersysteme voranzukommen.

Wegen der vielfältigen Möglichkeiten der modernen Medizin ist es in Vergessenheit geraten, dass jedem Lebewesen – unabhängig von äußeren Einwirkungen – Selbstregulationsmechanismen innewohnen. Die durch die komplexe Evolution hervorgerufenen Überlebensstrategien der lebendigen Materie sind vielfältig und wunderbar. Sie sich zunutze zu machen wird Aufgabe und Chance der zukünftigen Medizin sein. Ihr entdeckt auf diese Weise alte Weisheiten wieder neu, doch nun gepaart mit wissenschaftlichem Verständnis.

Mit dem Körper zusammenzuarbeiten anstatt ihn nur als Instrument und Maschine zu betrachten, hat nichts Mysteriöses oder Esoterisches. Es ist die Rückkehr zu einer Wahrheit, die die von euch als rückständig betrachteten

Volksstämme nie verloren haben. Doch dieses Vergessen war notwendig, damit ihr euch dieses Wissen auf einer neuen Ebene – frei von Aberglauben und Mythos – erschließen könnt.

Du bist nicht dein Körper – diese Überzeugung sollte inzwischen in dir zumindest ein wenig Fuß gefasst haben. Und doch hat der Körper eine überragende Bedeutung für die Erfahrbarkeit dieser Welt. Mit einem Körper, der den Anforderungen des irdischen Lebens nicht gewachsen ist, ist es sehr schwer, Erkenntnisse zu finden, deretwegen du diese Reise eigentlich unternommen hast. Es ist nicht der Weg zu den „höheren Weihen", dem Körper zu entsagen und ihn nicht pfleglich zu behandeln, oder ihn nicht zu achten und zu ehren. Im Gegenteil: Entdeckst du die Heiligkeit auch inmitten der Körperlichkeit, bist du ein großes Stück vorangekommen auf deinem Weg zu wahrer Erkenntnis.

Du bist nicht deine Gedanken – auch das ist sicher mittlerweile ein Teil deines Weltbilds. Und doch haben deine Gedanken einen immensen Einfluss auf deine Körperlichkeit und die Erfahrungen, die du machst. Gedanken schaffen eine Form, eine Matrix, die der Körper früher oder später widerspiegeln wird. Gedanken zu kontrollieren ist jedoch nicht der Weg, da nahezu unmöglich. Gedanken sind, was sie sind: geistige Energie, die eine bestimmte Form annimmt und in deinem physischen Gehirn zu Strukturen, die du verstehen kannst, umgewandelt wird. Was du jedoch tun kannst ist, deine aus den Gedanken resultierenden Handlungen bewusst zu kontrollieren. Du bist nicht wehrloses Opfer der in deinem Kopf ablaufenden Denkvorgänge, sondern kannst bewusst entscheiden, ob du Handlungsimpulsen, die aus bestimmten Gedanken entstehen, nachgibst oder nicht. Das ist deine freie Wahlmöglichkeit und beinhaltet die größten Chancen zu Weisheit und Erkenntnis.

Was geschieht, wenn in dir, sagen wir mal, eine Gedankenkette der Verurteilung des Verhaltens eines anderen Menschen abläuft, du aber nicht „mitspielst", sondern diese deine Gedanken bewusst wahrnimmst und dann entscheidest, was davon du in Worte oder Taten umsetzt? Das destruktive Potenzial, das einer solchen Kausalkette innewohnt, wird durchbrochen und die darin enthaltene Energie freigesetzt. Und was passiert damit? Sie steht dir als kreatives Lebenspotenzial voll zur Verfügung! In diesem Fall entsteht auf somatisch-energetischer Ebene nicht wie gewöhnlich ein Stresspotenzial, sondern die Möglichkeit für Erneuerung, Aufbau und Erhalt. So einfach. Und je weniger du solchen Gedankenketten folgst, desto seltener werden sie auftreten. Es ist ein Kreislauf, in den auch die Emotionen untrennbar eingebunden sind.

Du bist nicht deine Emotionen – auch nichts Neues mehr für dich. Und doch haben diese Emotionen einen großen Einfluss auf den Körper und die Gedanken. Man darf sich zwar fragen, was zuerst ist, Emotion oder Gedanke. Doch diese Frage ist so müßig wie die nach der Henne und dem Ei. Was zählt, sind doch die Ergebnisse, die die

Anwendung dieser Erkenntnisse für dein praktisches Leben haben. Deine Emotionen sind nicht zu trennen von den Gedanken, dem Körper und umgekehrt. Sie bilden eine komplexe Einheit. Du bist nicht ein System aus Körper, Geist und Seele. Du bist eine Körper-Geist-Seele-Einheit. Quasi ein „KörGeiSee". Und an jedem dieser scheinbaren Bestandteile kannst du ansetzen, um eine Verbesserung deines Erlebens zu erzielen. Lässt du jedoch eine dieser Komponenten außen vor, wird das Ergebnis kein vollständiges sein.

Wie solltest du nun am besten praktisch vorgehen? Als Erstes ist es wohl wichtig, eine Möglichkeit zu finden, die nicht weiter Zeit beansprucht, denn Zeit ist ja wohl das, was du am wenigsten zu haben glaubst. Würdet ihr alle mit der Zeit sorgsamer umgehen und sie nicht zur Mangelware deklarieren, würden sich viele Erörterungen für körperliche und seelische Gesundheit erübrigen. Aber gut – es ist, wie es ist.

Es gibt Mittel und Methoden, die Zeit nicht weiter zu strapazieren und trotzdem etwas für dich zu tun. Tue einfach, was du bisher immer getan hast – sofern es dir wirklich Freude bereitet oder dir aus anderen Überlegungen heraus unabdingbar erscheint – aber tue es bewusst. Lass dich nicht länger treiben von den Umständen, zu denen durchaus auch deine Gedanken und Gefühle gehören. Entscheide in jedem Augenblick ganz bewusst über das, was du sprichst und tust. Das ist wahrlich nicht sehr schwer, aber so ungewohnt für euch, dass ihr eine geraume Zeit der Übung brauchen werdet, bis diese Vorgehensweise zu einer natürlichen geworden ist.

Erstelle dir einen Plan. Vielleicht beginnst du zunächst mit der Bewusstheit in einem Bereich, der dir ohnehin keine großen Probleme bereitet. Nimm dir vor, in diesem Bereich – sei es nun in der Familie, im Beruf oder bei einem Hobby – einen Monat lang nur noch bewusst zu handeln und zu sprechen. Erinnere dich immer wieder an dieses Vorhaben, bevor du diesen Bereich betrittst. Vielleicht hilft es dir, kleine Zettel zu schreiben, dir einen Knoten ins Taschentuch zu machen oder dein Handy entsprechend zu programmieren. Was auch immer: Denke einfach daran, bevor du mit der Tätigkeit oder Arbeit beginnst oder den entsprechenden Personen begegnest. Dieses „Bewusst-Sein" sollte innerhalb dieses Monats jeden Tag mindestens eine Stunde – am besten zusammenhängend – ausmachen, damit du einen Effekt wahrnehmen kannst. Hast du das geschafft, solltest du dich insgesamt schon entspannter, ruhiger oder friedvoller fühlen und auch eine leichte Zunahme deines Energieniveaus bemerken.

Dehne nun die bewusste Zeit auf einen anderen Bereich aus. Versuche, bewusst und klar zu bleiben und nicht wieder zum Spielball der Umstände zu werden, während du mit deinen Kindern sprichst, deinem Chef begegnest oder die Fernsehnachrichten schaust. Jeder hat andere „Problemprioritäten". Arbeite dich mit deiner Bewusstheit von den einfachen Situationen zu den schwierigeren vor. Nimm dir für jeden Bereich einen Monat Zeit und dehne so die tägliche Dauer immer mehr aus. Irgendwann wirst du dann den größten Teil deines Tages in dieser Bewusstheit verbringen. Und was wird das für Auswirkungen haben? Dein gesamtes System wird leichter, durchlässiger, fließender und damit auch ruhiger, friedlicher und widerstandsfähiger sein. Warum? Weil niemand im Zustand der vollen Bewusstheit die destruktiven Dingen denken, sagen und tun wird, die bisher als normal erachtet wurden. Warum nicht? Weil die Absurdität so manchen Angriffes, die Unmöglichkeit so mancher Verteidigung und der Wahnsinn aller Rechtfertigungen klar zutage treten werden. Und wer ist schon gerne freiwillig wahnsinnig? Alte Dramen werden nach und nach an Faszination verlieren und Platz machen für tiefe Freude und wahre Leichtigkeit, und die Energie, die bisher für Kampf und Widerstand verbraucht wurde, steht wieder frei zur Verfügung für Gesundheit, Kreativität und Erfolg.

Damit einhergehend steigt auch die Widerstandsfähigkeit des Körpers gegen all die schädigenden Einflüsse, denen er bei eurer heutigen Lebensweise nun einmal ausgesetzt ist. Ein Körper, der nicht die Widerstände des Verstandes ausagieren muss, ist vitaler und kraftvoller und in der Lage, seine Bedürfnisse mitzuteilen.

Ja, du hast richtig gelesen: Der Körper ist in der Lage, seine Bedürfnisse mitzuteilen. Ist der Verstand nicht mehr ständig mit seinen Dramen und der Aufrechterhaltung der Scheinkontrolle beschäftigt – und die Bewusstheit in allen Belangen ist der einfachste Weg, ihn dazu zu bringen –, kann er die Signale des Körpers wieder deutlicher wahrnehmen und auch verstehen. Die Telefonleitung ist sozusagen wieder frei, die Kommunikation kann stattfinden. Der

Körper wählt, um bei der Analogie des Telefons zu bleiben, die Nummer des wahrnehmenden Verstandes auf vielerlei Weise. Eine davon ist die eingangs erwähnte emotionale Rückkoppelung. Ein Mensch, der es gewohnt ist, auf die Belange des Körpers Rücksicht zu nehmen, spürt genau, wenn das, was er gerade zu tun beabsichtigt, dem Körper nicht behagt. Es fühlt sich einfach nicht gut an. Das kann sich durch eine leichte Beklemmung im Herzbereich äußern, leichtes Unwohlsein, ein allgemeines Absinken des Energieniveaus – je nach Sensitivität wird jeder unterschiedliche Wahrnehmungen haben. Beabsichtigst du hingegen etwas zu tun, was gut für dich – und damit deinen Körper – ist, wird es dir bei dem Gedanken daran ein wenig besser gehen, oder du wirst dich leichter oder beschwingter fühlen.

Mache es dir zu Gewohnheit, anfangs zumindest bei Belangen, die den Körper direkt betreffen, wie Nahrung, Bewegung oder auch die Einnahme von Medikamenten, darauf zu lauschen beziehungsweise zu spüren, was der Körper davon hält. Gehe die beabsichtigte Sache in deiner Vorstellung und in deinen Gedanken durch und achte genau darauf, wie du dich dabei fühlst. Geht es dir damit besser oder schlechter? Zeigen sich körperliche Reaktionen? Fühlen diese sich gut oder schlecht an? Hast du die Reaktionen wahrgenommen, solltest du natürlich auch danach handeln. Das erfordert anfangs Überwindung und eine bewusste Entscheidung, doch nach und nach wirst du zu deiner Körperweisheit wieder Vertrauen fassen, und die Ratschläge anderer verlieren ihre Wichtigkeit und ihren Absolutismus. Das ist der wichtigste Weg, den es zu gehen gilt in dieser Zeit der Widersprüchlichkeiten, vor allem in den Belangen von Gesunderhaltung und Ernährung. Keine äußere Instanz, sei sie noch so gelehrt und intelligent, kann genau wissen, was im jeweiligen Moment für dich am besten ist.

Du kannst gerne Rat einholen. Viele wertvolle Hinweise werden so zu dir finden. Aber gestehe niemandem die Kompetenz zu, für dich und deinen Körper zu entscheiden. Was für viele richtig war, mag in einem bestimmten Kontext für dich genau das Falsche sein. Niemand außer deiner eigenen Intuition kann dir das genau sagen. Bis dir das Vertrauen in diese Intuition wieder zur ersten Natur geworden ist, nimm die Impulse von außen ruhig auf, aber überprüfe sie immer dahingehend, ob sie deiner eigenen Wahrheit entsprechen und gut und förderlich für dich sind.

Diese Prinzipien betreffen natürlich nicht nur die körperliche Ebene – sie lassen sich auf alle Bereiche inklusive der spirituellen Entwicklung übertragen. Gehe auch die Belange deiner sogenannten Bewusstseinsentwicklung auf diese Art und Weise an: Viele Impulse werden zu dir finden in dieser Zeit des Umbruchs und des Wandels, doch nicht alle entsprechen dem, was du für dich als Wahrheit erküren sollst. Prüfe alle Ratschläge und Hinweise – auch die meinen – daraufhin, ob sie in Übereinstimmung sind mit den höheren Zielen, die dem Drängen deines Inneren und damit deiner Seelenkräfte entsprechen.

Schon in alten Zeiten wurde vorhergesagt, dass, bevor die Menschheit als Kollektiv in die höheren Ebenen der allgemeinen Bewusstheit einzutreten imstande sein wird,

Wesen und Wesenheiten auftreten werden, die versuchen, die Situation zu ihren Gunsten zu nutzen. Viele empfängliche Menschen, die es nicht gelernt haben, auf die leise warnende Stimme ihrer Tiefen zu hören, werden ihnen folgen und so wertvolle Gelegenheiten für wahrhafte Entwicklung verstreichen lasse. Ein Indikator für Botschaften aus und in der Liebe des reinen Seins ist immer, inwieweit sich die vermittelten Techniken, Methoden und Vorgehensweisen dazu verwenden lassen, andere Menschen zu manipulieren, nach eigenen Vorstellungen zu beeinflussen oder sich anderweitig über ihren eigenen Willen und ihre (unbewussten) Entscheidungen hinwegzusetzen. Häufig genug entbehren solche Tendenzen nicht des Anscheins des Wohlmeinten und Guten – doch nichts ist heiliger auf dieser Erde als die Fähigkeit des Menschenwesens, von der eigenen Kraft und Entscheidungsfähigkeit Gebrauch zu machen. Ihr nennt es freien Willen, habt aber noch nicht ganz verstanden, was wahrhaftig damit gemeint ist.

Der freie Wille beinhaltet nicht nur die bewussten Entscheidungen des allgemein zugänglichen Verstandes, sondern auch alle auf anderen Ebenen und die aufgrund unterbewusster Abspeicherungen getroffenen Entscheidungen in allen Bereichen des Lebens und Erlebens. Und wer kann schon – selbst auf dieser Ebene existierend – behaupten, darüber einen Überblick zu haben. Woher also sollte das Recht stammen, verändernd in die Geschicke eines anderen einzugreifen? Derartige Tendenzen werdet ihr bei Wesen des wahren Einen (des Lichts, wenn ihr so wollt) niemals beobachten können.

Welche sind die Verlockungen, mit denen so viele in die Irre geleitet werden? Ihr habt in den wenigsten Fällen eure Kraft und Macht geschaut, habt keine Ahnung davon, wie es ist, ein Meister der Lebensumstände zu sein, wisst nicht, wie es ist, die Elemente zu beherrschen, und dann taucht jemand oder etwas auf, das euch verspricht, euch Zugang dazu zu verschaffen. Oh, welche Verheißung! Ist das nicht das Himmelreich auf Erden? Nein, das ist es nicht! Oft schon haben Menschenwesen, die das meinten, nichts als Verderben über die Menschheit gebracht. Schaut in eure Geschichte, und ihr werdet wissen, was ich meine.

Doch ihr werdet in eurer Geschichte auch wahre Meister finden, die das göttliche Reich durchaus auf Erden manifestiert haben. Aber diese haben niemals – und ich betone: niemals! – lautstark Anhänger um sich geschart, Propagandamaschinerien angeworfen oder öffentlich Wunder am laufenden Band vollbracht. Wenn sie öffentlich wirkten, waren es immer bescheidene, eher leise Menschen, die allein durch ihre Gegenwart und ihre Taten ohne viel Tamtam die Menschen um sich herum inspirierten und ihre Herzen öffneten. Und wurden doch einmal sogenannte Wunder bewirkt, geschah es einzig aus dem Grund, die letzten Zweifel an der innewohnenden Kraft in den Menschen zu zerstreuen und nicht aus Gründen des eigenen Macht- und Einflussgewinns. Nehmt euch diese Menschen – und es gibt sie in allen Kulturkreisen – zum Vorbild und nicht die lauten Versprecher und Verführer, die oft von Kräften gelenkt werden, die das Individuum nicht zu persönlicher Erkenntnis und Erweckung zu führen vermögen.

Welchen Einfluss haben nun spirituelle Verheißungen auf deine körperlichen Aspekte? Einen immensen. Alle deine Körperfunktionen, angefangen vom Stoffwechsel der einzelnen Zelle, bis hin zu den hochkomplexen Regel- und Steuermechanismen des Nerven- und Hormonsystems, haben feinstoffliche Entsprechungen, die sie auf greifbare Art und Weise lenken, leiten und beeinflussen. Auch wenn eure heutigen medizinischen Geräte noch nicht wirklich in der Lage sind, diese Prozesse darzustellen, sind sie doch vorhanden. Vor hundert Jahren ließen sich viele der stofflichen Prozesse noch nicht technisch greifen und waren dennoch vorhanden.

Was genau meint das nun, und was nutzt euch dieses Wissen für Gesundheit und Wohlergehen? Erinnert euch an die „KörGeiSee", die Körper-Geist-Seele-Einheit, deren Bestandteile untrennbar miteinander verbunden sind und wechselseitig wirken. Jedes dieser Bestandteile hat eine energetische Blaupause, eine Bauplan quasi, eine Idee, die sozusagen formgebend wirkt. Ja, auch die Seele und der Geist! Wirkliche Heilung muss auf dieser Ebene ansetzen. Es ist wie bei einem irdischen Bauwerk: Stimmt etwas an der Bauausführung nicht, zum Beispiel die Statik, muss zuerst der Plan entsprechend umgearbeitet werden, bevor es an die neue Umsetzung gehen kann. Und wer ist der Architekt? Die Absicht aus reinem Herzen heraus! Was ist das reine Herz? Der Christusgeist, der in jedem von euch wohnt und Zugriff hat auf alle wunderbaren und unendlichen Möglichkeiten dieses gewordenen Universums. Entdecke die Zugänge zu diesem Portal der

Kraft und Macht, die weit jenseits des dualen Verstandes liegen, und die Materie wird deinem Befehl gehorchen. Wende alles, was über dein emotionales Feedbacksystem gesagt wurde, auch auf die Belange der Bewusstseins- und Persönlichkeitsentwicklung an, und du wirst nicht lange suchen müssen.

Alle Gedanken, die in der Lage sind, potenziellen Schaden in deinem Körpersystem anzurichten, sind nicht in Übereinstimmung mit der Macht und Kraft des Christusgeistes, sondern Produkte des selbsttätig denkenden Geistes (Verstandes). Hat sich dieser, der ohne jeden höheren Überblick ist – da doch nur auf dieser Ebene des Lebens agierend –, zum Herrscher aufgeschwungen, sind Verirrungen und Verwirrungen zum Alltag und Normalen geworden, und körperliche Auswirkungen werden nicht ausbleiben. Keiner verweilt ungestraft (ohne Folgen) dauerhaft in Angst, Sorgen, Bedauern und Schuld. Doch das sind die häufigsten Spielfelder des Verstandes. Prüfe dich genau, und du wirst mir zustimmen können.

Wie bekommst du nun Zugriff auf die energetischen Blaupausen der formgebenden Wirklichkeit? Ein Mittel ist die bereits erläuterte Bewusstheit, die in allen Lebensbereichen Einzug halten sollte. Möchtest du jedoch sofortige und konkrete Veränderungen bewirken beziehungsweise sehen, gibt es noch andere (zusätzliche) Möglichkeiten. Finde die Ruhe, die unter und hinter den Gedanken vorhanden ist, versenke dich in die Gegenwärtigkeit im Zentrum deines Herzens und bekunde die Absicht, die lebensspendende Kraft des reinen Lebens zu empfangen und in die Umsetzung zu bringen. Erlaube den Kräften des Lebens, frei durch dich zu wirken. Rufe die Engel des Lichts (eines Lichts, das nicht der Gegensatz zu Dunkelheit ist, sondern das allesdurchdringende Sein) um Unterstützung und Inspiration an und bekunde deine Absicht, dich von allen destruktiven Elementen zu lösen. Erlaube ihre Tätigkeit in allen Bereichen. Versinke tiefer und tiefer in die dir innewohnende Ruhe und Stille jenseits von Gedanken, Wünschen, Bildern und Vorstellungen. Am einfachsten gelingt das, wenn du den Atem als Gefährt verwendest, dich in die neutrale Position des Beobachters begibst und nichts weiter tust, als den auftauchenden Impulsen zustimmend zu folgen. Das ist Akzeptanz und Hingabe, und diese sind der Schlüssel zu Gesundheit und Wohlbefinden auf allen Ebenen. Die hilfreichen Kräfte warten auf deine Einladung und Erlaubnis, um tätig zu werden!

Versuche nicht, Kategorien und Einteilungen zu finden, um herauszufinden, was da nun gerade genau wirkt. Vertraue deinem inneren Gefühl, doch achte darauf, dass Befreiung und Transformation nicht immer schmerzlos und ohne Widerstand ablaufen. Es gilt also, die „Krämpfe" des Verstandes von wirklicher innerer Abwehr, weil etwas nicht gut für dich ist, zu unterscheiden. Mit fortschreitender Übung wird dir das immer leichter gelingen. Und woher willst du schon genau wissen, was denn nun die „Engel des Lichts" sind? Alle Abhandlungen, die auf Erden darüber existieren, können immer nur ein dreidimensionaler Ausschnitt der wahren Wirklichkeit sein, denn zu mehr Verstehen seid ihr aufgrund der Struktur eures „Umsetzungscomputers", des Gehirns, im Moment nicht in der Lage.

Woher weißt du so genau, dass du dir auf deine Absicht und Bitte hin nicht selbst in deinen höheren Aspekten zu Hilfe eilst? Ist das nicht eine wunderbare Vorstellung: Du hast die Macht und die Kraft, dir selbst zu erlauben, alle Fehlfunktionen zu bereinigen, alle Missschöpfungen zu tilgen, alle Unsauberheiten im Bauplan auszuradieren und durch optimale Funktionsweise zu ersetzen. Was hindert dich daran, diese Macht zu ergreifen? Finde es heraus, gestatte dir, es loszulassen, und schreite ungehindert zur Tat. „Wir" stehen dir dabei allezeit hilfreich zur Seite.

## Burn-out oder Burn-in:
## Die Dimension des Raums in dir (Kuthumi)

Drängende Fragen des täglichen Lebens finden ihre Beantwortung häufig nur durch das tatsächliche Erleben. Was wäre jedoch, wenn du immer genau erspüren könntest – oder sogar wissen –, was richtig und angemessen ist? Erscheint dir das wie ein unerreichbarer ferner Traum? Für die Mehrzahl der Menschen wird das auf absehbare Zeit noch so sein, doch für jene mit drängenden Fragen in ihrem Herzen bricht eine Zeit des Verstehens, Erkennens und der Antworten an. Noch ist es jenseits deiner realen Möglichkeiten, doch mit jedem kleinen „Aha-Effekt", der in Richtung des Erahnens geht, wie dieses wunderbare Universum in Wahrheit funktioniert, wird es dir leichterfallen, es für möglich zu halten.

Es wird nicht so sein, diese du diese intuitive Führung über den analytischen Verstand erhältst, und doch wird die Umsetzung natürlich in deinem physischen Gehirn passieren. Was benötigt wird, damit das in deinem Leben stattfinden kann, ist der entsprechende Raum dafür. Dieser Raum muss kein Zeitfenster sein, wie du jetzt vielleicht annehmen magst, sondern die Qualität des Freiraums in dir. Das ist es, woran es bei den meisten heutzutage fehlt und was sich in den immer mehr zunehmenden psychischen Erkrankungen niederschlägt. Mit der wachsenden Daten- und Informationsflut, die tagtäglich auf euch einströmt, ob ihr das wollt und wahrnehmt oder nicht, wird dieser Raum immer mehr gefüllt, verdeckt. Ist er vollkommen „dicht", kommt es zu dem, was ihr Burn-out nennt. Es ist also nicht so sehr ein Ausgebrannt-Sein – dieses Wort impliziert ja, dass durch Feuer ein Leerraum entstanden ist – als ein Burn-in. All das „Zeug", was auf euch einwirkt, brennt sich in eure Gedanken und Gefühle ein und verdeckt so mehr und mehr eurer eigenes Sein und Wesen. Und wenn dieses einen gewissen Grad erreicht hat, kollabiert das System, da der Zugang der Physis und der Psyche zu den Seelenkräften blockiert ist. Darum haben auch alle Therapieansätze, die von Entspannung, Entschleunigung und bewusstem Umgang mit Reizen und Anforderungen ausgehen, den meisten Erfolg bei diesem Syndrom. Nicht so sehr, weil der Mensch in der dann lebensnotwendig gewordenen Auszeit Abstand hat von allem, was ihn sonst in Anspruch nimmt, sondern weil er anfangen kann, sich selbst wieder zu spüren und mit diesem Spüren der „Schutt" beiseite geräumt wird, der die Luft nimmt.

Absolut notwendige Gesundheitshygiene besteht also vorrangig darin, dafür zu sorgen, dass Raum in dir selbst bleibt. Zeitlicher Raum für Muße und Besinnung, der Raum schafft für Wahrnehmung, Erkenntnis und wirkliche Erfahrungen. Das muss nicht zwangsweise sogenannte spirituelle Dimensionen betreffen – im täglichen Leben finden sich vielfältige Zugänge in andere Dimensionen, auch wenn man von diesen nichts ahnt. Noch nie gab es eine Zeit, in der diese grundlegenden Tatsachen derartig vernachlässigt wurden wie heute. Das ist auch einer der Gründe dafür, warum es euch so vorkommt, als hättet ihr immer weniger Zeit und als würde selbige immer schneller vergehen, obwohl die Uhr nach wie vor 60 Minuten als eine Stunde definiert. Die Zeit vergeht für euer Inneres schneller, da die Leerräume – die jedoch niemals leer sein können, sondern immer voll pulsierender, bewusster Lebendigkeit sind – eklatant fehlen.

Schaffe dir innere Räume – es ist überlebenswichtig! Das muss keine äußere Zeit in Anspruch nehmen, wie bereits gesagt wurde. Halte innerlich inne und spüre den Dingen, Aktionen, Gedanken, Gefühlen nach. Lass sie wirken. Fülle nicht jeden freien Augenblick mit neuen Eindrücken. Gestatte dir Leerlauf und Muße. Hab keine Angst, dass du dann deine Aufgaben nicht mehr erledigen kannst. Ein Moment der Besinnung sorgt immer dafür, dass du danach um ein Mehrfaches effektiver tätig sein kannst. Wenn du jedoch erst einmal vollkommen „voll" bist, kannst du gar nichts mehr vollbringen und wirst viele Monate brauchen, um auf gewohntem Niveau wieder einigermaßen lebensfähig zu sein. Lass es nicht so weit kommen!

Wahre kreative Schaffenskraft erwächst sowieso in den seltensten Fällen aus der hyperaktiven Tätigkeit des Verstandes. Sicher, es lässt sich so manches erreichen und durchboxen an Ideen und Zielen, die du dir so ausdenkst, und einiges davon ist sicher auch gut und richtig. Aber warum sich das Leben ständig derartig schwer machen? Kannst du dir nicht vorstellen, dass es viel einfacher und effektiver wäre, zu erspüren, was sowieso bereits an Gutem für dich bereit liegt, dem zuzustimmen und dann mit den Fügungen zu fließen, die dich diesem Ziel näherbringen? Du bringst den Hauptteil deiner Zeit damit zu, darüber nachzudenken, was zu tun und was zu lassen ist, um etwas Bestimmtes zu erreichen. Dabei weißt du in den seltensten Fällen genau, was du überhaupt erreichen solltest, damit es dir wahrhaftig gut geht. Traue dich doch einmal, nicht zu wissen, was hinter der nächsten Biegung kommt. Traue dich zuzulassen, nicht kontrollieren zu können, wie es weitergeht. Traue dich, unwissend zu sein. Das erfordert Mut – und Wachsamkeit. Natürlich musst du nun, da du dich getraut hast, JA zu den Dingen sagen, die das Leben dir präsentiert, um dich sicher leiten zu können. Das ist die Hauptschwierigkeit. Die Impulse und Hinweise erreichen in den meisten Fällen die Menschen durchaus auf dem einen oder anderen Weg – doch sofort werden sie hinterfragt, analysiert, mit anderen diskutiert – und in den seltensten Fällen ausgeführt.

Du denkst jetzt wahrscheinlich an große Lebensthemen und gravierende Veränderungen. Aber ich spreche vom banalen täglichen Leben. Wie willst du Zutrauen in Fügungen und Führungen haben, wenn es gilt, weitreichende Entscheidungen zu treffen, wenn du es nicht beim Brötchenholen und Kochen trainiert hast? Mache es dir zur Gewohnheit, jeder kleinen Regung Gehör zu schenken. Häufig sind es nur vage Handlungsimpulse, wie den Regenschirm mitzunehmen, obwohl die Sonne scheint. Wenn du es schaffst, dann nicht dem Verstand Gehör zu schenken, der sofort schreit: „Was für ein Blödsinn", wirst du des Öfteren dankbar sein, nicht nass zu werden. Und was macht es schon, einmal einen Schirm umsonst spazieren zu tragen? Auf diese Weise lernst du auch zuverlässig, wahre hilfreiche und führende Impulse von Strebungen des Unterbewusstseins zu unterscheiden. Das ist immens wichtig, wenn es an eine wirklich wichtige Sache geht.

Es gibt Lebensbereiche in diesem Universum, die nur auf diese Weise funktionieren – und wahrlich nicht schlechter als euer Lebensbereich. Was nun ist diese leitende Instanz, der du lernen kannst, Gehör zu schenken? Wenn du beziehungsweise deine Seelenkraft sich entscheidet, einen Teil ihrer Energie in eine bestimmte Erfahrung zu entsenden, verbleibt der Hauptteil weiterhin in einer von euch aus, mit linearem Blick betrachtet, höheren Dimension. Und was ist der Vorteil eines erhöhten Standpunktes? Warum gibt es bei euch so viele Aussichtstürme? Weil ihr immer hofft, auf diese Weise einen Überblick nicht nur über die Landschaft, sondern auch über euch selbst zu bekommen. Das ist durch das Erklimmen von Treppenstufen aber leider nicht möglich. Der Teil von euch, der diesen Überblick jedoch hat, steht in untrennbarer Verbindung mit eurem irdischen Sein. Allerdings braucht es Raum für „ihn" – Raum, sich auszudrücken, durchzudringen, „dich" zu erfüllen. Und dieser Raum fehlt immer öfter – wie wir am Anfang ausführlich besprochen haben.

Möchtest du also die Vision und den Traum verwirklicht sehen, immer zu wissen, was das Beste für dich und die beteiligten Menschen ist, dann schaffe Raum – die Dimension des Raums, der heilende Wirkung hat und in der

Stille gedeiht. Dazu braucht es keine Worte oder Anleitungen, sondern nur Präsenz, Absicht und Gegenwärtigkeit. Und das Überwinden der Langeweile des Verstandes, die am Anfang auftreten mag, wenn es keine Ablenkungen mehr gibt. Das ist machbar. Mache dich auf, der Weg ist nicht weit!

## Wir sind mit euch verbunden
## (Der Hüter des Waldes spricht)

Der Hüter des Waldes ist ein mächtiges, energiegeladenes Wesen. Es verfügt über Kräfte, von denen wir uns keinerlei Vorstellung machen können. Sie liegen so weit jenseits dessen, was wir als unsere Realität erachten, dass es außerordentlich schwerfällt, darüber zu berichten. Nicht so sehr, weil diese Kräfte so mächtig oder stark sind, sondern vielmehr, weil sie so anders sind, als wir das Wort „Kraft" zu definieren gewohnt sind, und wir uns nur sehr schwer ein Bild davon machen können, worum es hierbei geht.

Kommen wir in Kontakt mit solch einem Wesen – sei es nun bewusst oder unbewusst –, fühlen wir uns erhoben, erleichtert und vielleicht auch entspannt. Ein Großteil der beruhigenden Wirkung eines Waldspaziergangs geht auf das Konto des Hüters des Waldes. Seine Aufgabe ist es nicht nur, die für Wachstum und Gedeihen der Geschöpfe des Waldes notwendige Energie zu lenken und zu kanalisieren, er durchdringt mit seinem Wesen die gesamte Atmosphäre eines Waldes und berührt so auch uns, wenn wir darin verweilen. Die Wirkung ist beträchtlich höher, wenn wir uns der Schönheit des Waldes öffnen und uns quasi „in seinen Schoß" begeben. Das hat sicherlich schon jeder einmal erfahren. Wie viel mehr könnten wir wohl profitieren, könnten wir uns bewusst mit einem Hüter des Waldes „einlassen"? Dass es möglich ist, wissen alle Naturvölker zu berichten.

In unserer westlichen Zivilisation ist dieses Wissen so weit verdrängt – und zerstört – worden, dass wir den

Wald kaum noch als lebendiges Wesen sehen. Ein Wald bildet jedoch in seiner Gesamtheit einen komplexen Organismus, in dem jedes Teilchen genauso wichtig ist wie die einzelnen Organe in unserem Körper. Und genau wie unser Körper ein einheitliches, intelligentes Bewusstseinsfeld besitzt, durch das die einzelnen Teile und Systeme miteinander verbunden sind und kommunizieren, besitzt ein Wald ein solches Bewusstseinsfeld. Der Hüter des Waldes ist dieses verbindende, tragende Bewusstsein.

Mitunter manifestiert sich dieses lebendige Bewusstsein in einem besonders schönen Baum, aber auch ein großer Stein an einem exponierten Platz oder ein frei stehender Felsen kann „Körper" des Hüters sein. Er ist jedoch nicht an diesen Körper gebunden, das heißt, er kann ihn verlassen und in Besitz nehmen, wie es ihm beliebt. So ist es also auch möglich, dass der Waldhüter ohne festen Platz und Körper ist. Er ist ein freies, lebendiges Bewusstseinsfeld, das durchaus seiner selbst bewusst ist und trotzdem vollkommen eins mit jeglichen „Bewusstseinssplittern", die den Wald bilden und beseelen. Wird ein Baum gefällt und das ihn formende Bewusstsein verlässt diese Sphäre, geht mit ihm auch ein Stück des Hüters des Waldes. Wird ein Rehkitz geboren, erweitert sich der Hüter des Waldes um dessen Lebendigkeit. Das ist ein wunderschönes, komplexes System, von dem wir sehr viel lernen könnten, wüssten wir nur recht hinzuschauen. Lassen wir nun einen Hüter des Waldes zu Wort kommen und uns berichten, wie wir einander bereichern können.

„Ich grüße euch von ganzem Herzen – wenn ich das so sagen darf –, geliebte Menschenkinder. Ja, ihr habt richtig gehört: geliebte Menschenkinder. Viele von euch, die sich mit Naturschutz und Ökologie beschäftigen und die Seele der Bäume und des Waldes nicht als Aberglauben betrachten, sind der Meinung, der Wald würde so, wie ihr ihn behandelt, der Menschheit – könnte er sprechen oder sich wehren – nicht gut gesonnen sein. Doch das stimmt nicht. Wir Bäume, Tiere und feinstofflichen Waldwesen sind eingebunden in euer Wesen und Sein und existieren mit und auch wegen euch.

Die Erde bildet ein Gesamtsystem, aus dem sich weder ihr noch wir isolieren lassen. Ist euch dieser Gedanke noch nie gekommen? Ein jeder hat darin seinen Platz, gerade so wie in eurem Körpersystem. Es gibt darin nichts Überflüssiges, ohne das es sich gut leben ließe. Und so würden wir – der Wald – uns selbst gram sein, würden wir uns gegen euch stellen. Das ist uns jedoch nicht möglich, da wir zwar über einen gewissen Grad der Selbstbewusstheit verfügen, aber kein ausgeprägtes Individualselbst haben. Das ist jedoch Vorbedingung für selbstzerstörerische Tendenzen....

Betretet ihr einen Wald oder auch nur ein Buschwerk, umfängt euch sofort der Geist dieses lebendigen Wesens. Er nimmt euch in sich auf, und ihr werdet für die Dauer eures Aufenthalts ein Teil von ihm. Jede eurer Regungen und Handlungen hat so einen, wenn auch zunächst geringen Einfluss auf dieses Gefüge. Könnt ihr ermessen, was es für einen Wald bedeutet, wenn ein Wesen in ihn eintritt, das diese Mechanismen kennt und achtet? Wellen der Liebe und des Respekts werden es erfüllen und erheben, und mit ihm auch uns. Jeder Baum, der von einem Menschen umarmt wird, jede Blume, die bewundert, und jedes Tier, das geachtet wird, erlebt auf eine feine und subtile Weise einen Sprung in seiner eigenen Evolution, da ein intelligentes, bewusstes Wesen mit ihm auf diese Weise eine Verbindung eingegangen ist. Und umgekehrt profitiert auch der Mensch, der solches tut, ungemein davon, denn jeder selbstlose Akt der Hinwendung aktiviert in ihm neue Ressourcen der Erkenntnis und Weisheit. Der Mensch sagt nach einem solchen Erlebnis mitunter: „Oh, heute war es besonders schön im Wald. Ich fühlte mich so geborgen und irgendwie auch inspiriert und im Einklang mit der Welt. Das war schön." Das ist das Resultat der Verbindung mit uns.

Ihr könnt den Wald hervorragend für die Erhaltung eurer Gesundheit nutzen. Das ist einer seiner Funktionen in dieser komplexen Welt. Ihr wisst, dass die Bäume den für euch lebenswichtigen Sauerstoff erhalten, doch es gibt noch viel mehr in einem Wald, was für euch gedacht ist. Betrittst du einen Wald, umfängt dich das Grün. Die Resonanz der Farbe Grün in eurem Körper ist Heilung und Regeneration – auf physischer, emotionaler und geistiger Ebene. Lasst euch bewusst auf dieses Grün und alle seine Schattierungen ein. Jedes Grün hat eine unterschiedliche Wirkung auf euer System, und zusammen bilden sie einen Kanon, der ungemein beruhigend und belebend wirkt. Taucht ganz ein in dieses lebendige Grün – seine Wirkung ist um ein Vielfaches stärker als grüne Farbe an der Wand oder grüne Kleidung. Nehmt dieses Grün über den Atem in euren Körper hinein, führt es zu jeder Stelle, die der Heilung bedarf, und es wird seine Wirkung nicht verfehlen.

Betretet ihr einen Wald im Herbst, dominieren Rot- und Brauntöne. Diese haben wieder eine ganz andere Wirkung auf euer System als Grün. Sie führen mehr in das Erdige, Strukturelle, und geben mehr Halt. Sie weisen den Weg zu mehr Verinnerlichung und haben eine stärkende Wirkung auf das Knochensystem und festere Gewebestrukturen. Sie bereiten den Weg für die Kargheit des Winters, in der alles Äußere wegfällt und sich die Kraft im Inneren neu sammelt. So könnt ihr die Farben des Herbstes bewusst dazu nutzen, um Überflüssiges abzuwerfen und eure tieferen Körpersysteme davon zu befreien. Eine Stärkung wird die Folge sein. Alle Früchte des Waldes im Herbst haben eine bestimmte Wirkung für euch und lassen sich für Heilung und Gesundheit nutzen. Oft genügt es schon, wenn ihr die Frucht in die Hand nehmt und mit ihr eine bewusste, fühlende Verbindung aufnehmt. So können sich euch ihre Gaben schenken. Doch natürlich spricht auch nichts dagegen, die für euch genießbaren Früchte zu verspeisen oder Zubereitungen daraus zu machen, die für Heilzwecke Verwendung finden.

Im Winter gibt euch der Wald Ruhe und gesammelte Kraft. Alles ist auf den Punkt zentriert, klar und rein. Diese Qualitäten solltet ihr reichlich in euch aufnehmen. Lasst euch nicht schrecken von Kälte und Unwirtlichkeit – die Wirkung eines Winterwaldes, ob mit oder ohne Schnee, ist ein wichtiger Baustein für eure Gesundheit. Versucht auch im Winter die Schönheit der Bäume zu sehen, lasst euch auf ihre Formen ein und folgt ihrem Saft in die Wurzeln. Spürt die Samen im Boden, die bereit sind, im Frühjahr aufzugehen und eine neue Generation ins Leben zu rufen. Nehmt die Sammlung, die vor jedem zur Tat werdenden Impuls vonnöten ist, tief in euch auf, um dann im Frühjahr die dynamische, fokussierte Kraft nutzen zu können.

Lockt dann die Sonne im Frühjahr das Leben erneut an die Oberfläche, ist die beste Zeit für Stärkung und Erneuerung. Geht her und sucht euch einen jungen, kräftigen Baum. Der Saft und das Leben in ihm drängen mit großer Kraft zum Aufbruch, und er lässt euch gerne daran teilhaben, fragt ihr in Achtung und Respekt danach. Diese dynamische strebende Kraft erneuert die Zellen eures Immunsystems und des Blutes und gibt ihm neue Vitalität. Nehmt euch auch eine Knospe als Betrachtungsobjekt und lasst euch auf ihre Essenz ein. In ihr liegt alles verborgen, was jetzt am Werden ist. Sie entfaltet sich in einen vollkommenen Plan hinein, der auf perfekte Weise bereits angelegt ist – gerade wie in euch. Tretet ihr auf diese Weise mit ihr in Verbindung, kann dieser Plan auch in euch angeregt und euch so bewusst werden. Das ist ein wunderschöner Prozess für alle, die es verstehen, sich mit ihrem ganzen Fühlen darauf einzulassen.

Was könnt ihr nun für den Wald tun? Ich erwähnte eingangs schon, dass es bereits ein Bereicherung und Erhebung für uns bedeutet, lasst ihr euch voller Liebe auf uns und unsere Geschöpfe ein. Doch wenn ihr bewusst das Wesen des Waldes unterstützen möchtet, geht bitte achtsamer mit dem Wald und seinen Geschenken um. Ihr denkt dabei jetzt gewiss als Erstes an die Nutzung des Holzes, doch das ist es nicht allein. Es bereitet uns kein Problem, der Menschheit zunutze zu sein, auch ein gewisses Maß an Raubbau schadet mehr euch als uns als Gesamtheit. Doch Missachtung schwächt uns auf Dauer und raubt uns unsere Widerstandsfähigkeit. Wollt ihr wirklich etwas tun, haltet die Menschen dazu an, den Wald nicht einfach gedankenlos zu konsumieren, sondern wirklich mit ihm zu kommunizieren. Dazu braucht es nicht viel und auch keine komplizierten Rituale. Es genügt, dass ihr ihn beim Betreten bewusst begrüßt, einfach über eure Aufmerksamkeit, ein kurzes Innehalten oder einige stille oder gesprochene Worte. Ich versichere euch, wir werden es spüren und darauf reagieren – auch wenn eure Sensibilität vielleicht noch nicht genügt, um es wahrzunehmen.

Lauft nicht einfach in einen Wald hinein, ohne ihn wirklich zu sehen, und lasst euren Gedankenschleifen weiter freien Lauf. Ihr bringt eure Dramen zu uns! Wenn ihr dann vom vielen Grübeln erschöpft und ausgelaugt seid, lehnt ihr euch an einen Baum und hofft auf ein automatisches Aufladesystem. So läuft das nicht! Wir sind ein empfindsames Wesen und interagieren mit euch auf vielen Ebenen. Aber ohne euer bewusstes Zutun erhaltet ihr nur einen Bruchteil der möglichen Gaben – und wir auch. Das ist keine einseitige Sache, wir durchdringen und schwächen oder bereichern uns ständig gegenseitig, ob euch das nun passt oder nicht. Viele der Schäden, die der Wald heute zeigt, könnten auf diese Weise zumindest ein Stück weit ausgeglichen werden. So, wie beim Menschen die Heilkraft der Liebe wahre Wunder wirken kann, ist es auch beim Wald. Ich bitte euch, das zu beherzigen, wenn ihr uns das nächste Mal besucht."

## Geh hinein in deine Wahrheit und Erkenntnis
## (El Morya)

Wir Wesen, die sich die lichten Ebenen bereits vollständig zu eigen gemacht haben, stehen euch auf vielfältige Weise bei, diesen Weg ebenfalls erfolgreich zu beschreiten. Es genügt jedoch nicht, nur von unserer Existenz zu wissen – ihr müsst von euch aus in eine direkte Kooperation mit uns eintreten, um größtmöglichen Nutzen aus unserer Hilfestellung ziehen zu können. Was immer du zu erschaffen wünschst in deinem Leben, es ist möglich, wenn du bereit bist, die erforderliche konsequente Arbeit im Sinne von Selbsterkenntnis und Erforschung der eigenen Wahrheit zu leisten. Du kannst nicht anstreben, die Meisterschaft über diese irdische Ebene der Existenz zu erlangen – und genau das ist nötig, um kreative und positive Resultate in deinem Leben sichtbar werden zu lassen –, ohne dich auf intensive und intime Weise mit dem zu beschäftigen, was dich in dieser Existenz ausmacht. Verbleiben unbekannte Variablen in deinen Tiefen, werden immer wieder Erscheinungen zu beobachten sein, die du dir nicht erklären kannst. Und dann bleibt dir anscheinend keine andere Wahl, als den bequemen Weg zu gehen und dich in die Opferhaltung zu begeben und jegliche Verantwortlichkeit von dir zu weisen. Das mag für den Augenblick ganz gut funktionieren, bringt dich aber keinen Schritt weiter, wenn du dich aufgemacht hast, ein wahrer Erschaffer zu werden und nicht nur ein Spielball unerkannter Bestrebungen sein möchtest!

Es ist nicht nötig, dass du Kausalitäten ergründest und alles, was du in dir entdecken magst, bis ins Detail erforschst, aber kennen musst du es. Du kannst nicht erwarten, in jeder nur möglichen Situation wie ein Meister zu reagieren, wenn du die Wirkmechanismen in dir nicht kennst oder nicht wahrhaben möchtest.

Der erste Schritt zu dieser Erkenntnis besteht darin, dir einzugestehen, dass es durchaus Bedarf zur Erforschung gibt. Es gibt bisher nur sehr wenige Menschen auf dieser Erde, die bereits vollkommen frei sind von allen unbewussten – und das meint ja im wahrsten Sinne des Wortes unbekannten – Mustern, Strukturen und Prägungen, die für sie agieren. Und wenn du auf der Suche nach Unterstützung und Hilfestellung bist und diese Worte dich gefunden haben, gehe ich davon aus, dass du nicht einer von ihnen bist. Also gestehe dir zu, dass du zumindest hin und wieder gelenkt und geführt wirst – nicht von den Impulsen und Hinweisen aus deinen göttlichen Ebenen, sondern von verdrängten, ungeliebten, abgespaltenen Bewusstseinsinhalten und kollektiven Feldern. Das ist für viele von euch schon ein Riesenschritt, denn ihr tragt eure angebliche Souveränität und das Recht auf freien Willen gerne wie ein Banner vor euch her, und es ist ungemütlich zuzugeben, mitunter nicht mehr als eine Marionette zu sein. Aber genauso ist es, und die breite Masse der Bevölkerung fühlt sich im Moment noch ganz gut in diesem Dasein.

Du hast dich jedoch aufgemacht, aus allen Konditionierungen auszubrechen und die wahre Freiheit zu finden, die dein göttliches Erbe ist. Schon diese Entscheidung macht dich äußerst interessant für die wartenden hilfreichen Kräfte der geistigen Ebenen. Sie halten beständig Ausschau nach Menschen, die anfangen zu strahlen und zu leuchten und so sichtbar zu werden in der grauen Masse der Schafe. Wir eilen herbei, um jede nur mögliche Bestrebung zu unterstützen und zu fördern. Dessen kannst du gewiss sein, auch wenn viele dieser Menschen nichts von dieser Hilfe wissen und bemerken. Das ist auch nicht zwangsweise nötig – es genügt, offen zu sein für Fügungen und Hinweise, auch darin kann eine kreative Zusammenarbeit bestehen.

Du weißt also nun, dass noch Elemente in dir schlummern, die nicht einer höheren Wahrheit entsprechen. Was aber tun? Der zweite Schritt besteht darin, aufmerksam zu werden und immer dann, wenn nicht die klare Präsenz der Liebeskraft deines erleuchteten Herzens für dich denkt, spricht und handelt, dem Einhalt zu gebieten. Das erfordert weder Kraft noch Energieaufwand, sondern Wachsamkeit und Gegenwärtigkeit. Erst wenn du ein derartiges Verhalten bemerkst, hast du wirklich die freie Wahl. Halt inne, im wahrsten Sinne: Stopp! Mache eine Pause bei dem, was immer du gerade tust – und wenn es mitten im Satz ist –, und spüre nach, ob das, was gerade passiert, dir wirklich guttut. Das ist ein treffsicherer Indikator dafür, ob du aus dem Herzen sprichst und handelst oder nicht. Und dann kannst du bewusst entscheiden, fortzufahren oder anderes zu tun. Du wirst wahrhafte Wunder erleben, wenn du das konsequent praktizierst.

So einfach, wie es im ersten Moment scheinen mag, ist es für euch jedoch nicht. Ohne es zu wissen, seid ihr auf vielfache Weise in diversen Netzen gefangen. Doch es ist möglich, sich daraus zu befreien, und die eben vorgeschlagene Vorgehensweise ist eine der einfachsten und effektivsten dafür. Praktizierst du diese beständig in deinem täglichen Leben, machst du nebenbei auch alle unbewussten Bestrebungen bekannt. Du musst nicht Buch führen darüber, Strukturen und Muster, die sich in Handlungen niederschlagen werden bekannt – und damit erkannt –, wenn du sie wahrnehmen kannst, während sie für dich agieren. Dann sind sie nicht länger unbekannt und verlieren jegliche Macht über dich.

Das Wesen des Meisters besteht hauptsächlich darin, dass er dieses Unbewusste gemeistert und damit in jedem Augenblick die Wahl hat. Es ist das Fundament dafür, die dir zustehende Herrschaft wiederzuerlangen. Du hast sie aus verschiedenen Gründen einst freiwillig abgegeben, aber nun ist die Zeit überreif, sie wieder zu ergreifen. Die Menschheit hat genug Leid, Schmerz und tiefe Verstrickung ertragen und erlebt, dass jetzt genug sein sollte.

Viele Menschenherzen sehnen sich nach Freiheit, und die Seelen spüren mehr und mehr, dass in dem, was sie ihr Leben nennen, eine entscheidende Komponente fehlt. Jeder Einzelne, der den Weg der Bewusstheit beschreitet, ist Vorreiter für viele – auf dass einst alle erwachen können aus dem Traum der irdischen als einzigen Welt, die von Vergänglichkeit geprägt ist, und ihre eigene wahre und wunderbare Essenz erkennen werden. Das ist der Grund für unsere Hilfe und Unterstützung, die jedes noch so kleine Bemühen in diese Richtung vielfach zu würdigen weiß.

Was ist deine, dir innewohnende Wahrheit? Und warum deine – gibt es nicht nur eine Wahrheit? Nein, das, was dein eigenes Erleben erzeugt, ist deine Wahrheit, und die-se hat für dich realitätsstiftende, absolute Wirkung und kann deshalb als Wahrheit bezeichnet werden. In diesem Sinne gibt es also nicht eine einzige und richtige Wahrheit. Hast du das verstanden, fallen schon die meisten Gründe für Zank, Streit und Zwist weg. Natürlich gibt es verschiedene Ebenen der Wahrheit im Sinne von Weisheit und Erkenntnis. Es kann jemand auch durchaus gleichzeitig auf verschiedenen dieser Wahrheitsebenen agieren und existieren. Das bemerkt ihr vielleicht, wenn ihr in der Meditation Zugang zu Erkenntnissen und Weisheiten bekommt, die in eurem normalen Leben noch nicht ganz gegriffen haben. Dann habt ihr eine andere Wahrheitsebene berührt, die sich nun in der für euch möglichen Zeitspanne mit eurer bisherigen verbinden und diese durchdringen wird. Dabei können wir euch entscheidend unterstützen, wenn ihr es wünscht. Aber den Schritt der Bewusstheit über Reaktionsweisen im täglichen Leben könnt ihr auch mit den Geschenken, die euch hin und wieder zuteilwerden und vorrauschauende Einblicke ermöglichen, nicht auslassen.

Für einige von euch mag das alles durchaus unpraktisch erscheinen, doch das ist es ganz und gar nicht. Das Praktische, das in diesem anscheinend schwer verständlichen und subtilen Vorgehen verborgen liegt, wird sich in den Auswirkungen in der von dir erlebten Realität zeigen. Alles, was du an äußeren Unternehmungen tätigen kannst, ist bei weitem nicht so profund wie die Reise in die eigenen inneren Tiefen. Jedes äußere Verändern und Tun entbehrt des Fundaments, geht nicht eine innere Wandlung damit einher. Wie oft hast du diese Erfahrung schon gemacht: Du nimmst dir vor, dieses oder jedes ab nun anders zu gestalten oder dich in dieser oder jener Situation zukünftig anders zu verhalten. Doch wie lange reicht der Vorsatz, und wie oft hältst du dich an diese Abmachung mit dir selbst? Bleiben die zugrunde liegenden Strukturen dieselben, kann die Auswirkung nur unter größten Mühen eine andere sein. Das Leben jedoch soll und will für euch weder Mühe noch Kampf sein, sondern Freude und Fließen. In diese Freude und dieses Fließen gelangst du jedoch nur, wenn alle (inneren) gegenläufigen Tendenzen erlöst sind.

In einer Kultur und Gesellschaft, in der Jammern und Lamentieren quasi zum guten Ton gehören, ist das sicherlich kein einfaches Unterfangen, aber es ist möglich. Auch das macht einen Teil der dir innewohnenden Wahrheit und Erkenntnis aus, zu der Zugang zu gelangen dir verheißen ist: Das Leben ist schön, freudig und äußerst lebenswert! Warum? Weil es LEBEN ist – und damit eine großartige, phantastische, unergründlich tiefe Möglichkeit, Erfahrungen in Weisheit zu verwandeln und so Weisheit und Wissen in die unendlichen Weiten des All-Eins-Seins einzubringen. Jede Erfahrung, die du machst, ist ein funkelnder Stern an deinem eigenen Firmament, das untrennbar verbunden ist mit dem wahren Sein aller Wesen. Doch wie viele Menschen sind noch gefangen in ihren Dramen und Verstrickungen, ohne je davon zu ahnen? Diese Leben verlaufen häufig in tiefem Schmerz, auch wenn sie vielleicht an der Oberfläche fröhlich scheinen, und kommt eines Tages die Stunde des Abschieds von dieser Welt, bleibt nichts als Bedauern. Wie schade.

Du musst keine großartigen Dinge vollbringen oder ein Erfinder sein, um wertvoll zu sein – es genügt, wahrhaftig und bewusst zu LEBEN. Doch all die schönen Menschen, die das vergessen haben und im täglichen Drama und Kleinkampf auf dieser wunderbaren Erde sich vergessen, sind (für dieses Mal) verloren. Sie erschaffen keine neuen Erfahrungen, die Weisheit und Erkenntnis beinhalten, da sie nur immer wieder bereits Erfahrenes und Erlebtes wiederholen (und selbst das nicht bewusst). Und wieder und wieder. Ihr nennt das manchmal auch den Kreislauf des Karmas. Und ein verhängnisvoller Kreislauf ist es fürwahr. Dabei ist der Ausweg so einfach und weit jenseits aller Konzepte, die ihr in eurem Bemühen, der Wahrheit aus dem Weg zu gehen, kreiert habt: Es genügt, eine Erfahrung vollkommen zu machen. Sie mit allen Sinnen zu erLEBEN. Sie bewusst wahrzunehmen, ganz dabei zu sein, ohne sich ablenken zu lassen von all den Geschichten, die der Verstand dazu zu erzählen hat.

Wahrlich, ich versichere euch, das ist alles, was es braucht, um keine Resonanz mehr zu ähnlichen Erfahrungswelten zu haben. Warum? Ganz einfach: Etwas, das ihr vollkommen erlebt und euch so zu eigen gemacht habt, wird in der unendlich langen Liste, die sich eure Seele vorgenommen hat, in Erfahrung zu bringen, als erledigt abgehakt. Und die Seele interagiert mit dem gelebten Leben nun mal nicht über Mentalkonzepte und schöne Worte, sondern über tiefempfundene, gefühlte Erfahrung. (Jenseits der Drama-Emotionen, ob es nun Weinen oder Lachen sei.)

In dem Wort Erfahrung steckt sehr viel: „ER" (als euer Synonym für Gott und das Göttliche) „fährt" (ist also in Bewegung und damit Veränderung, und das bedeutet immer auch eine Erweiterung des Horizonts) und kommt mit dem „ung" in die Vergegenständlichung/das Gewordene (Substantivierung). Welch herrliches Wort: ERFAHRUNG.

Was genau macht nun eine wirkliche Erfahrung aus? Ich wiederhole mich gerne, denn das Einfache ist euch erstaunlicherweise oft schwer zugänglich: Das bewusste Dabei-Sein macht aus einer gewöhnlichen Situation oder Begegnung eine wahre Erfahrung. Mit all deiner Klarheit und Präsenz hörst du die Worte, die gesprochen werden, erspürst die Reaktionen deines Gegenübers und natürlich die deinen, fühlst die Zugehörigkeit des Geschauten zu dir (im Sinne des Alle-Eins-Seins und nicht der Persönlichkeit), schmeckst die Süße, ohne sie stofflich zu kosten. Du machst dir all das zu eigen – dann ist es unvergänglich gespeichert in deinen ureigenen Annalen, die zugleich die Annalen der gesamten Welten sind. Das ist das perfekte Gegenmittel gegen jegliche Dumpfheit und Langeweile. So erlebt, wird und bleibt das Leben in jeder Sekunde interessant, und neu und spannend, da du immer neue und tiefere, nie gekannte Aspekte entdecken wirst. Und all das mitten in deinem gelebten Alltag. Du musst dazu nicht in ein Kloster oder eine Höhle gehen und stundenlang meditieren. Im Gegenteil: Geh hinaus in die Natur, zu den Menschen, auf den Marktplatz, und halte Ausschau nach dem, was du noch nicht (innerlich) kennst und angenommen hast. Und ist dir auf diese Weise die ganze Welt zu einem Zuhause geworden, kannst du dich frei und unbeschwert aufmachen, Neues zu entdecken – ihr nennt das manchmal Aufstieg. Es ist eine der größten Illusionen und gefährlichsten Lügen eurer Zeit zu meinen, man könne diesen sogenannten Aufstieg mit dem physischen Körper machen, so lange auch noch nur ein winziges Fünkchen von Widerstand gegen die Erfahrungswelt dieser stofflichen Erde verbleibt. Und wie schwinden Widerstände? Mach dir Alles-was-ist zu eigen. Darin liegt die wahre Magie der Formel: „ICH BIN, das ICH BIN!"

Das soll nun nicht heißen, dass du alles im Außen toll finden musst und immer und zu allem unhinterfragt JA sagen sollst. Es geht vielmehr darum, all die wunderbaren Geschenke, die das Leben dir präsentiert, innerlich zu umarmen, anzunehmen, innerlich JA zu sagen – wohl wissend, dass diese deine Realität von deinen dir noch unbekannten Mustern, Strukturen und Prägungen in Kombination mit dem Kollektivbewusstsein gestaltet wurde. Und so schließt sich der Kreis zu unseren Ausführungen am Anfang dieses Kapitels, und du erkennst und siehst, dass die einfache Übung des bewussten Seins und bewussten Erlebens der Schlüssel ist zur Erlösung eben dieser Wirkmechanismen und gleichzeitig der Garant für dein ureigenes Vorankommen auf den Leiterstufen der wahren Evolution. Viele hilfreiche Wesen freuen sich mit mir darauf, dich dabei zu begleiten und zu unterstützen. Hab Dank für deine Geduld.

## Das Leben wagen (Inspirationen des Hüters der Geisteskraft des Lebens)

Du darfst dich getrost dem Leben zuwenden – es ist dir zur freien Verwendung gegeben und geschenkt. Als Baby und Kleinkind weißt du noch nichts davon, und doch nutzt du es viel freier als jemals wieder in deinem Leben.

Schau dir die kleinen Kinder an, in welcher Anmut sie sich dem hingeben, was der Augenblick ihnen beschert. Du kannst das natürlich nur wahrnehmen, wenn du nicht damit beschäftigt bist, sie in irgendwelche Regeln und Erwartungen zu zwängen. Gestattest du einem Kind, in seiner eigenen Zeit und Welt zu sein, wirst du bald bemerken, wie sehr sich sein Verhalten von dem deinen als Erwachsener unterscheidet. Sicher, du bist der Meinung, es ist normal, dass ein Mensch, sobald er in die Gesellschaft eintritt, sich anzupassen hat und deren Regeln befolgen muss, damit es funktioniert. Aber was ist dieses „Es"? Wie viel wahres Leben ist darin noch enthalten? Du hast dich daran gewöhnt, dass es so ist, und nur die wenigsten können sich noch an die Unbeschwertheit der Kindheit erinnern. Schon aus diesem Wort kann man so viel über euch erfahren: Unbeschwertheit. Tja, mit dem Ende der Kindheit ist es also ein für alle Mal vorbei mit der Unbeschwertheit, und Mühsal wird für den Rest des Lebens dein Begleiter sein. Wie nett. Oder etwa nicht?

Dieses kollektive Feld ist extrem stark, seit Jahrtausenden kultiviert. Du kannst dir nicht vorstellen, wie es anders sein könnte. Das ist normal. Und doch ist es an der Zeit, dass sich zumindest einige aufmachen, anderes zu probieren. Nicht, sich vollkommen der Gesellschaft zu entziehen – solche Experimente gibt es immer wieder, und sie bringen hauptsächlich dem Einzelnen etwas, weniger doch der Gesellschaft. Mitten in dem, was ihr als ein normales Leben definiert, Alternativen zu erkunden, ist das Gebot der Zeit, in der du jetzt bist.

Wie kann das gehen, wenn Kinder zu versorgen, berufliche Verpflichtungen zu erfüllen und dieses und jenes zu erledigen ist, damit „alles" läuft? Schwierige Frage, oder? Du hast sie dir bestimmt schon gestellt, ohne eine befriedigende Antwort zu finden. Die Antwort, die ich dir geben kann, ist sicher nicht das, was du dir erhoffst. Ich werde dir nicht raten, alles stehen und liegen zu lassen, den Job zu kündigen und Kind und Mann oder Frau sich selbst zu überlassen, um dich künftig nur noch der Selbsterforschung und der Ergründung der Geheimnisse des Lebens zu widmen.

Ich rufe dich vielmehr auf, die Lebendigkeit in allem zu finden, was du als deine Aufgabe definiert hast, und in allem, was dir begegnet.

Es gibt nichts außerhalb des Lebens. Wie könnte es auch? Wie kann etwas existieren, ohne zu leben? Du musst deine Definitionen von Lebendigkeit überdenken, um das zu verstehen. Nicht nur atmende, fühlende und wissende Wesen sind lebendig, sondern alles Gewordene. Alles, was in die Bewegung gekommen ist, heraus aus dem Unmanifestierten, dem Nichts, dem reinen Potenzial, ist lebendig – sei es nun ein Planet, ein Stein, ein tierisches Geschöpf oder ein Mensch. Der Unterschied besteht lediglich im Grad der Selbstbewusstheit. Mehr nicht. Und auch da darfst du nicht deine Maßstäbe anlegen: Es gibt Bewusstseinseinheiten, die so gänzlich anders sind als du, dass du sie nie und nimmer als lebendige Wesen anerkennen würdest.

Traue dich, dich auf deine Lebendigkeit mit all ihren Eigenarten und Strukturen einzulassen. Alles in und an dir vibriert vor Leben – spüre dem nach in deinen Zellen, in deinen Emotionen, ja, selbst in deinen Gedanken.

Es gibt viele wertvolle Übungen, die dir helfen können, die körperliche Lebendigkeit zu pflegen oder neu zu entdecken. Alle Formen der Körper- und Atemarbeit sind dafür genauso geeignet wie bewusste sportliche Betätigung und meditative Wahrnehmungsübungen. Doch es gibt darüber hinaus noch vieles zu entdecken!

Die Geisteskraft des Lebens ist eine dir innewohnende Energie, die du dir bewusst zunutze machen kannst. Sie wirkt immer, auch ohne dein Zutun. Wenn du jedoch direkt mit ihr in die Interaktion gehen kannst, hat das vielfältige Auswirkungen nicht nur auf deine Gesundheit. Du kannst sie durch bewusste Hinwendung in Aktion rufen und ihre belebende und kräftigende Wirkung unmittelbar spüren. Auf körperlicher Ebene betrachtet, ist diese Kraft in der Nähe deiner Sexualorgane angesiedelt und hat damit natürlich auch Auswirkungen auf diese. Die meisten Menschen fühlen sich auch am lebendigsten, wenn die die

Sexualität belebenden Kräfte aktiv sind – die Kraft des Lebens „in Aktion" ist einer der Gründe dafür. Verweigerst du dich, aus welchen Gründen auch immer, dem Wirken der Sexualkräfte, verweigerst du dich also auch auf gewisse Weise dem Leben. Das meint nicht, dass du beständig körperliche Sexualität haben sollst und Enthaltsamkeit in diesem Bereich schädlich wäre. Es geht darum, ob du das Wirken dieser Kräfte als wichtigen Teil des Lebens für dich anerkennst oder ablehnst. Das macht einen großen Unterschied. In welcher Form diese sich ausdrücken dürfen, ist dann zweitrangig.

Die Lebenskraft ist untrennbar mit dem Hervorbringen neuen Lebens verbunden – und das kann durchaus auch auf geistiger Ebene geschehen, zum Beispiel in Form kreativen Ausdrucks oder neuer Ideen und Erfindungen. Die Sexualkraft ist also auch mit der Fähigkeit zum kreativen Selbstausdruck verbunden. Negierst du eins von beiden, wird auch das andere schwerfallen. Viele Künstler eurer Geschichte sind auf Körperebene ein beredtes Beispiel dafür. Viele von ihnen waren in ihren kreativsten Phasen sehr dem Austausch mit dem anderen Geschlecht zugetan, und gab es dort Schwierigkeiten, versiegte häufig auch der Fluss des Schaffens.

Finde die Form, der Lebendigkeit Raum in deinem Leben zu geben, die dir am meisten entspricht. Die Menschen sind vielfältig und verschieden, und jeder muss seine eigene finden. Wichtig ist nur, dass es überhaupt geschieht. Und dann gestatte dir, wie eingangs bereits erwähnt, dieses lebendige Schaffen, beständige Erstehen und Vergehen in allem um dich herum wahrzunehmen. Achte bewusst darauf, öffne dich dafür. Schau in der Natur, doch auch in scheinbar unbelebter Materie. Alles schwingt in seinem eigenen Rhythmus, hat seinen eigenen Klang, den du im Moment jedoch noch nicht wahrnehmen kannst.

Alles, was du dir auf geistiger, emotionaler und körperlicher Form zuführst, ist eine Form der Lebendigkeit, die in Interaktion mit dir tritt. Jede Nahrung, jede Information, jedes Gefühl beeinflusst dein Wesen in gewissem Grad. Es ist nicht möglich, sich komplett davon zu isolieren – weder auf dieser noch auf irgendeiner anderen Ebene. Das wäre nur im absoluten Tod, dem Nichtsein, möglich. Keine Bewegung, kein Fließen, kein Leben. Alles ist eins. Das ist die Essenz und die tiefste Tiefe und höchste Höhe – jedoch nicht das, was du momentan sein möchtest und kannst, sonst wärst du nicht hier. Also genieße es, dieses Leben, so, wie es ist, wie es sich für dich gestaltet.

Schaue das Schwingen der Atome und die Wechselwirkung der Elementarteilchen in deinem Körper, deiner Atemluft und im Singen der Vögel. Getraue dich, in die subtilen Bereiche der Wahrnehmung einzutauchen, um dir die Lebendigkeit allen Seins zu vergegenwärtigen. Als unmittelbare Folge wird sich dir von allein der Zugang zu deiner Lebendigkeit auftun. Das ist möglich bei allen Verrichtungen und Tätigkeiten, die für dich anstehen, du musst dich dafür nicht isolieren und zurückziehen.

Vergegenwärtige dir diese Grundlage des Lebendig-Seins immer wieder, und nach und nach wird es dir normal erscheinen, sie wahrzunehmen, und du wirst dich wundern, wie es möglich war, ohne diese „Connection" zu leben. War es ja auch nicht – es lebte dich, und du warst nicht wirklich dabei. Nun erst bist du bewusst und lebendig. Gerade so, wie die kleinen Kinder, jedoch mit dem kleinen, aber unendlich wichtigen Unterschied, dass du nun davon weißt.

Genieße es. Es ist schön und wunderbar. Jeder Ausdruck des Lebens, wie immer er sich für deinen Verstand, dein Ego, deine emotionalen Befindlichkeiten anfühlen sollte, ist wunderbar und erweiternd. Immer. Das ist Gesetz. All die Verzerrungen, Verirrungen und Illusionen, die dir zu schaffen machen, sind nicht die reine Natur des Lebens und doch von ihr durchdrungen. Schwer zu verstehen für einen analytischen Verstand und scheinbar voller Widersprüche. Doch wer hat dir gesagt, dass die Verstandeswelt die einzige Möglichkeit ist, das Leben zu erfahren? Getraue dich nur, andere Herangehensweisen zu erproben. Ich als Hüter der Geisteskraft des Lebens unterstütze dich sehr gerne dabei. Wende dich mir zu in einem stillen Moment und rufe bejahend das Leben für dich in Aktion. Die Reaktion wird nicht ausbleiben, das sei dir versprochen. Doch du wirst es nicht „zerpflücken" und seine Bestandteile ergründen können, und es wird schwerfallen, anderen davon zu berichten. Denn Erfahrungen muss jeder für sich machen.

# Eine Lebensübung zur Unterstützung

Trage alles zusammen, was dir aus deinem persönlichen Leben zum Thema Lebendigkeit einfällt. Schreibe es auf. Wann spürst du, dass du am Leben bist und wann nicht? Wann fühlst du dich präsent und vibrierend vor Lebendigkeit, und wann nicht? Was tust du, wenn du das Gefühl hast, dich selbst nicht mehr wahrzunehmen? Kennst du solche Situationen? Welche sind es? Was bringt dich dazu, das Gefühl zu haben „ganz nahe dran zu sein"? Und was bringt dich davon weg? In welchen Situationen kannst du dich später nicht mehr richtig daran erinnern, warum du so oder so gehandelt hast, und wann gelingt es gut? Mache eine Bestandsaufnahme deines äußeren und inneren Lebens. Sei ehrlich zu dir – du musst es niemandem zeigen, wenn du nicht möchtest.

Nun erstelle dir einen Plan, eine Tabelle mit zwei Spalten. Schreibe alle Situationen, Umstände, Gedanken und Gefühle, die dich lebendig sein lassen, auf die linke Seite, und alles, was dich davon abhält, auf die rechte. Stell dir ein Zeitschema auf, das deinem Tempo entspricht, in dem du für gewöhnlich bereit bist, Veränderungen in Angriff zu nehmen. Ein guter Vorschlag wäre ein Thema pro Woche. Nimm dir also eine Zeile mit je einem linken und einem rechten Thema vor und achte eine Woche (oder den von dir gewählten Zeitraum) lang während des Tages und deiner gewöhnlichen Verrichtungen darauf, wie oft dieser Umstand auftritt. Notiere dir diese Zahlen, vielleicht mit Hilfe einer Strichliste. In der darauffolgenden Woche nimmst du dir vor, willentlich und bewusst die Anzahl der linken Seite zu erhöhen. Und für jedes Mal, wo es dir gelingt, darfst du auf der rechten Seite wieder einen Strich streichen.

Das klingt banal und albern, hat aber eine tiefgreifende Auswirkung auf die Wahrnehmung deiner Welt und deines Lebens. Du wirst mehr und mehr die belebenden Situationen bewusst wahrnehmen und wertschätzen können, und automatisch werden dadurch immer mehr davon deinen Weg kreuzen, während sich gleichzeitig die lähmenden verabschieden. Nimm dir also für jede Zeile zwei Wochen Zeit und arbeite deine Liste konsequent bis zum Ende ab. Du hast Zeit – so lange warst du nun schon scheinlebendig, dass es auf einen Monat mehr oder weniger auch nicht ankommt. Glaube mir, es lohnt sich!

Du fragst dich nun sicher, was das alles mit dem Aufruf, Alternativen des Lebens zu finden, zu tun haben soll. Alles. Die Alternative ist, mitten in dem, was die meisten als Leben bezeichnen, zu erkennen, dass es nur ein müder Abklatsch dessen ist, was Lebendigkeit und wahres Leben sind und alle Ablenkungsmanöver von dieser Täuschung Illusionen des Verstandes, des Egos, sind, die von kollektiven Feldern genährt werden. Wenn du die Lebendigkeit in dir und allem finden, spüren und permanent wahrnehmen kannst, bist du nicht mehr normal im gesellschaftlichen Sinn, denn die Allgemeinheit kann das nicht und hat auch kein Interesse daran, da die scheinbaren Alternativen so faszinierend sind. Fragt sich nur, warum die Glücksindustrie immer mehr Hochkonjunktur hat...

Du hast die Alternative gefunden, ohne deinen Beruf zu wechseln oder in ein Kloster zu gehen, wenn du morgens mit einem Lächeln aufstehen kannst, weil du weißt, dass das Leben deiner harrt – mit unendlich vielen spannenden Überraschungen, dass jeder Tag ein vollkommen neuer ist, wenn frei von Erwartungen, es immer wieder etwas zu entdecken gibt, was dir bisher unbekannt war, und es sich unendlich gut anfühlt, ein bewusstes, lebendiges Wesen zu sein. Dann bist du anders als die anderen und wirst automatisch auch anders handeln, denken und fühlen, und nach und nach werden sich die Umstände deines äußeren Lebens dem anpassen, falls sie mit deinem „neuen" Zustand nicht mehr in Resonanz sind. Alle anderen Versuche sind eben das: Versuche. Wage also das Leben ganz, nimm dieses Geschenk an und freue dich daran. Es ist dein. Für immer.

## Im Einklang mit dem Wesen der Kristalle
## (Ein Kristallhüter ermahnt)

Tugendhaft ist es, sich zu bemühen, die Geheimnisse des Lebens zu ergründen. Das Wesen der Kristalle gehört auf allen Seinsebenen untrennbar dazu. Ihr habt bereits vielfachen Nutzen der Kristalle in jeglicher Form erkannt, doch über ihr Wesen wisst ihr im Allgemeinen so gut wie nichts. Das ist sehr schade, denn euch entgeht so der wesentliche Teil.

Die Fähigkeiten der äußeren Form von Kristallen sind unbestreitbar wundersam, und es spricht nichts dagegen, sich diese zunutze zu machen – doch so viel mehr schlummert in ihnen. Sie sind ein lebendiger Speicher, nicht tote Speichermaterie. Nicht ihre Physis ist es, die die Kapazität bereitstellt, sondern ihr feinstoffliches Wesen, von dem ihr noch nichts ahnt. Es ist ähnlich wie bei euch Menschenwesen: Der Körper hat vielfältige, wunderbare Möglichkeiten, doch ohne den ihn belebenden Geist ist er nichts als ein abgestorbenes, welkes Blatt.

Vielleicht könnt ihr schon erahnen, welche Auswirkungen es auf uns hat, wenn ihr uns einfach unserer gewohnten Umgebung entreißt oder uns gar auf technologischem Weg züchtet. Gut, es gibt einen Unterschied zwischen einem riesigen, im Inneren der Erde über Jahrtausende gewachsenen Kristall und einem in der Petrischale hergestellten – auf der geistigen Ebene ist dieser jedoch minimal. Wir alle gehören einem Bewusstseinsfeld an, das sich – wie ihr auch – in vielfältige Formen aufspaltet und sich unter bestimmten Bedingungen neu manifestiert.

Viele von euch im Erwachen befindliche Menschen fühlen sich von der Schönheit und Ausstrahlung der gewachsenen Kristalle magisch angezogen, und es wurde schon manche heilende Auswirkung dieser „Steine" entdeckt. Doch ihr seid noch so viel mehr auf der unsichtbaren Ebene mit uns verbunden. Nicht nur in eurer technologischen, modernen Welt wird allerorts mit verschiedensten Kristallarten gearbeitet, auch in eurem Körper gibt es kristalline Strukturen, die auf geistigem Weg mit dem irdischen Kristallfeld verbunden sind. Ihr könnt dieses Feld, diese Kraft, weder messen noch darstellen – und doch ist es immer da und wirksam. Es stellt zu einem großen Teil euren kollektiven und individuellen Wissensspeicher – wenn ihr doch endlich herausfinden wolltet, wie ihr diesen benutzen könnt, würde sich manches Drama nicht immer wieder ereignen müssen.

Ihr könnt über die fühlende Absicht diesen Kontakt leicht herstellen. Leider ist es nicht leicht, euch dazu zu bringen, zu ergreifen, was fühlende Absicht ist. Ihr geht alles mit euren Verstandeskräften an und wundert euch über ausbleibende Resultate und Erkenntnisse. Euer Verstand ist ein wunderbares Instrument, doch er sollte auch als solches verwendet werden und nicht als alleinseligmachende Instanz.

Fühlende Absicht – darin steckt die Verbindung von Herz und Hirn, kannst du das spüren? Du fasst also bewusst den Entschluss, in Kontakt mit deiner Kristallessenz zu gehen, und dann lässt du diesen Gedanken komplett wieder fallen und gehst ganz in das Spüren, Fühlen, Wahrnehmen dessen, was geschehen mag. Im Idealfall geschehen beide Vorgänge simultan – dann bist du in der fühlenden Absicht, und die Antwort wird nicht auf sich warten lassen. Aber auch hier ist wieder Fingerspitzengefühl mehr gefragt als mentales Wollen: Sie kann in vielfältiger Form zu dir kommen, und nicht immer, oder, besser, sehr selten wird es in Worten sein. Deine Zellen können verstehen, ohne bewusst zu denken. Sie wissen genau, wie das geht. Und manchmal braucht es eben seine Zeit, ehe auch dein Verstand bereit ist, die Antwort in der gegebenen Form zu akzeptieren.

Ich möchte euch warnen, allzu leichtfertig mit dem Wesen der Kristalle umzugehen – in welcher Form auch immer. Sie sind empfindsame Wesen, die auf ihre Weise die Erfahrung dieser Welt mit euch teilen und eine gewichtige Rolle darin spielen. Ihr habt die Tendenz, uns als Gegenstände zu betrachten, mit denen ihr tun und lassen könnt, was ihr wollt. Das ist nicht gut, weder für uns noch für euch.

Wir haben nicht prinzipiell etwas dagegen, wenn unsere Körperlichkeit der Erde entnommen wird. So manches liebevoll hergestellte Schmuckstück bringt die Essenz eines Steins erst richtig zur Entfaltung. Doch vielfach geht ihr ohne Überlegung und Gespür vor – besonders beim Abbau (welch furchtbares Wort) im industriellen Maßstab. Das reißt tiefe Wunden in unsere Seelen, die sich nicht so leicht wieder schließen lassen und einen nicht zu unterschätzenden Einfluss auf das Befinden und das Gleichgewicht der Erde haben. Mehr noch als bei allen anderen Bodenschätzen spielt das Wie, Wieviel, Wo und Wann der Entnahme eine gewichtige Rolle – und gerade davon wollt ihr als Kollektiv überhaupt nichts wissen. Das macht uns sehr traurig, um es in euren Worten auszudrücken. Wir wissen nicht, was wir tun können, um es euch klarzumachen.

Du als einzelner mitfühlender Mensch kannst natürlich im Alleingang auf der grobstofflichen Ebene nicht viel ausrichten. Doch du kannst geistig viel tun, indem du uns in Wertschätzung und Akzeptanz unserer Leistung – auch wenn du von ihr nur Bruchteile zu erfassen vermagst – entgegentrittst. Ihr werdet zum Glück niemals alle Lagerstätten unserer Schätze finden, und so wird es immer eine physische Präsenz unserer Kraft auf dieser Erde geben, mit der du geistig Kontakt aufnehmen kannst, um uns an deiner Lebendigkeit und Liebe teilhaben zu lassen.

Der Gedanke, den Kristallwesen Energie zu spenden, ist sicher befremdlich für dich – ihr seid es gewohnt, zu nehmen und zu empfangen. Wir geben sehr gerne und werden auch niemals damit aufhören, doch je mehr ihr euch unserer bemächtigt, desto mehr muss es zu einem Austausch werden, wollt ihr nicht das Gleichgewicht empfindlich stören. Das Menschheitskollektiv hat das schon mehrfach getan – wir haben es im Gegensatz zu euch nicht vergessen. Doch heute sind viel mehr Menschen mit offenen Ohren und Herzen bereit, das nicht wieder zuzulassen. Gehöre du dazu, ich bitte dich.

Du kannst, wenn du magst, einen persönlichen Kristallhüter für dich erschaffen. Das meint nicht, dass du ein Wesen magisch kreieren sollst oder kannst – aber wiederum über die fühlende Absicht ist es möglich, dieses Ansinnen in unsere Welten zu senden, und wir werden deinen Wunsch gerne erfüllen. Dieses Kristallwesen wird ganz auf dich und deine Resonanzen abgestimmt sein und mit deinem irdischen Wissensspeicher in Kontakt stehen. Es wird also auf diese Art leichter, in die direkte Kommunikation zu gehen – ähnlich, wie es vielen Menschen leichterfällt, mit einem Schutzengel zu sprechen als direkt mit ihrem geistigen Selbst. Probiere es aus, wir warten darauf.

Du kannst als Hilfsmittel auch einen physischen Kristall deiner Wahl verwenden, aber ich ermutige dich, es einmal „einfach so" zu probieren. Formuliere die Absicht und gehe mit deinem Spüren in einen Bereich in der Erde, von dem deine Aufmerksamkeit angezogen wird. Du musst nicht physisch dort beziehungsweise „über" der Stelle sein. Lass zu, dass dein Bewusstsein von uns angezogen wird, wir werden dich sicher an den richtigen Platz geleiten. Schau mit deiner inneren Wahrnehmung, ob es in Bildern, Tönen, Gerüchen oder im Fühlen ist. Vertraue diesen Wahrnehmungen, ohne sie zu analysieren. Sprich ruhig innerlich oder laut in deinen Worten deine Absicht und deine Wünsche aus – die Schwingung eurer Worte erreicht uns jenseits der Buchstaben.

Wenn du offen und bereit dafür bist, wird sich dir auch der Name deines Kristallwesens offenbaren. Dieser wird dir in Zukunft helfen, schneller und unmittelbarer in die

Kommunikation einzutreten. Verrate diesen Namen niemand anderem. Dein persönlicher Kristallhüter verbindet dich mit den Kräften der Erde ebenso wie der Schutzengel mit den Kräften des Himmels. Genauso kannst du auch mit ihm „sprechen" und kommunizieren. Er wird dir bei allen Problemen der Körperlichkeit helfen, aber auch bei festgefahrenen, „kristallisierten" Gedanken- und Emotionsstrukturen. Achte auch darauf, von welcher Art der Kristall ist, der sich dir zeigt, das kann dir einiges über dich lehren. Versuche jedoch, nichts nachzulesen, sondern selbst zu erfühlen, was es bedeutet, dass es ein Aventurin, ein Smaragd oder auch ein Bergkristall ist. Vielleicht ist es ein winzig kleiner, dir bisher unbekannter Vertreter des Kristallbewusstseins, dem aber eine gewaltige Kraft innewohnt. Spüre dem nach und lass dich davon beschenken.

Dieses Wissen ist ein Geschenk von uns für dich, dafür, dass du bereit bist, an dem angesprochenen Energieaustausch teilzunehmen. Denn auch auf diese Weise wird er stattfinden, ohne dass du dich anstrengst und bemühst. Wir freuen uns sehr darauf, dir auf einer neuen Ebene begegnen zu dürfen. Wage es!

## Über Sinn und Unsinn von Religion und Religionen (Meister Jesus)

Gerade du bist auf dem besten Weg, ein Verfechter der unsinnigsten aller Religionen zu werden – der Religion des eigenen Wegs zur Erleuchtung und Freiheit. Dieser Weg wird nie ein Ende finden, denn es ist kein gangbarer Weg. Wieso, wirst du fragen, wo doch Millionen spiritueller Sucher auf der ganzen Welt sich auf dem Weg befinden? Aber wie viele von ihnen kennst du persönlich, die angekommen sind? Und jene, die angekommen sind – und die du meistens nicht persönlich kennst –, reden in den Fällen, wo sie wirklich authentisch sind, nicht mehr von einem Weg im Sinne des Wortes. Sicher, mir wird zugeschrieben, gesagt zu haben: „ICH BIN der Weg, die Wahrheit und das Leben." Das ist auch richtig so. Verstehst du diesen Weg aber in einem linearen Sinn, als eine zurücklegbare Strecke, befindest du dich bereits auf dem Irrweg – und vor genau diesem habe ich immer gewarnt.

„ICH BIN der Weg und die Wahrheit und das Leben, und niemand kommt zum Vater denn durch mich." Meinst du ernsthaft, die Person Jesus wäre in der Lage, Millionen von Menschen zu erretten? Oh, ich höre schon die Aufschreie jener, die davon felsenfest überzeugt sind und darauf bauen, dass mit meiner Hilfe dereinst das Himmelreich auf sie wartet. Dieses Himmelreich, in das ich dich geleiten kann, ist jenes dir innewohnende Wesen, das alles durchdringt und alles und doch nichts ist und das ich mir bis zur Vollendung zu eigen gemacht hatte und deshalb mit Fug und Recht sagen konnte: „Ich und der Vater sind eins." Doch wehe, ich vertraue der kleinen Persönlichkeit diese Macht an! Das ist der wahre Versucher und Verdunkler des ewig scheinenden Lichts. Nicht dieses Ich, das ich geworden bin, kann das Werk vollbringen. Es kann nur staunend schauen und demütig bekennen: „Herr, dein ist die Welt und die Seligkeit in Ewigkeit. Amen."

Kann eine Person dieses Licht nicht durch sich scheinen lassen, schwingt sie sich selbst auf zum Herrscher der Welt und trägt so zu deren Verderben bei. ICH kann dich erretten, wenn du dich MIR ganz übergibst – aber nur, wenn du bereit bist, alles aufzugeben, was dir lieb, teuer und heilig ist. Wie oft wurde diese Wahrheit missverstanden und mündete in Entsagung und gar Verneinung der Herrlichkeiten dieser stofflichen Welt. Wehe dem, der wörtlich versteht und umsetzt, was mit dem linearen Verstand so schwer zu erfassen ist. Du kannst in die unmittelbare Freiheit des Lebens eintauchen, während du die Freuden und Genüsse der Welt erlebst, vorausgesetzt, du machst sie dir nicht im Sinne von Identifikation zu eigen und bist in jedem einzelnen Augenblick bereit, diese loszulassen und in die Ewigkeit hinein zu sterben, um so zu ewigem Leben aufzuwachen.

Wie viele Missverständnisse, wie viel Leid und Zerstörung in meinem Namen! Und noch immer beharrt ihr in eurem Eigensinn darauf, im jeweiligen Recht zu sein und so die Befugnis zu haben, andere zu euren Überzeugungen und zu eurem Glauben zu bekehren. Doch es gibt nur eine unmittelbar erkennbare Wahrheit, deren Erfahrung jeder selbst ganz und gar machen muss und von der all die vielen Konzepte und Vorgaben doch nur immer wieder ablenken. Daher die eindeutige Empfehlung, einem Weg zu folgen und sich nicht in den vielfältigen Möglichkeiten zu verstricken. Doch während du auf dem von dir gewählten Weg bist, vergiss nicht, dich immer wieder daran zu erinnern, dass dieser Weg nur ein Hilfsmittel ist, bis es dir gelingt, schlussendlich und kindlich in die Erfahrung der Gottgegenwart – die auch dein eigenes Sein ist – einzutauchen. Lass dich nicht verwirren von all den vielen „Du musst" und „Du solltest"! Lass dich nicht ablenken vom Einzigartigen und Wahren, das dir immer und überall zur Verfügung steht. Du brauchst keinen Erretter, der dir deine Sünden vergibt, um frei zu sein. Auch mich nicht! Aber ich kann dir helfen – so, wie viele andere auch –, den Blick dahin zu wenden, wo die Wahrheit leuchtet, und ich kann dir helfen, alle Widerstände aufzugeben und die uralten Strukturen zu erlösen, die diese Vergegenwärtigung verhindern.

Du bist in eine Kultur hineingeboren worden, die durch mich und meine Werke stark geprägt wurde. Vieles von dem, was ich in Wahrheit getan, gesagt und vollbracht habe, wurde im Laufe der Jahrhunderte stark verzerrt – und doch steckt noch viel Wahrheit darin, und der Kern der Aussagen scheint noch immer durch für den, der sehen und hören kann. So war es damals, und so ist es noch heute. Es ist ein guter Rat, diese Kultur, die du im Moment erlebst, wertzuschätzen und zu nutzen. Du musst nicht in ferne Länder reisen und dir fremde Sitten und Gebräuche zu eigen machen, um zu Erkenntnis und Wahrheit zu gelangen. Du kannst die Vehikel nutzen, die dir hier zur Verfügung stehen. Die Geschenke des Christentums sind gesellschaftlich in dir angelegt, und so hast du einen leichten Zugang dazu. Nutzt du diesen und befreist mit dem Hilfsmittel des inneren Gespürs die Lehre, die ich gegeben habe, von allen Verzerrungen, steht dir ein machtvolles Werkzeug zur Verfügung.

Ich höre noch heute jeden Ruf eines Not leidenden Menschen, der aus tiefstem Herzen um Hilfe und Unterstützung bittet. Doch auch wenn ich wollte, könnte ich nicht mehr tun, als tröstend, inspirierend und führend zur Seite zu stehen. Jeder muss seine eigenen Erfahrungen durchstehen, und es ist eine grobe Verfehlung der die höheren Bewusstseinsebenen bewohnenden Wesen, in die Geschicke eines Menschenwesens dergestalt einzugreifen, dass ihm etwas gegeben wird, wofür es nicht reif ist. Und so wird so manches Mal auch mein wohlmeinender Rat gehört, aber dennoch missverstanden. Aber immer sind die Menschen auf das Tiefste im Inneren berührt, wenn sie mich erreichen und mit mir in Kontakt kommen. Warum wohl? Ich kann mit Fug und Recht sagen, die Verkörperung der reinen Liebe zu sein, und das berührt eine Schicht in euch, die derart tief vergraben ist, dass ihr gar nicht mehr wisst, dass sie da ist. Wenige Menschen sind es, die diese Liebe zu ertragen wissen, ohne in Tränen auszubrechen. Zu schmerzhaft ist die Erkenntnis der eigenen Verleugnung, die euch in diesem Moment bewusst wird.

Ich rufe euch auf, Kinder der Menschheit, diese Liebe in euch selbst zu entdecken! Die Zeit ist reif, dem Unrecht, der Unmenschlichkeit und der Zerstörung ein Ende zu setzen, und das ist nur möglich, wenn jeder für sich erkennt, dass es keine Trennung im Sinne der unabhängigen persönlichen Existenz gibt. Gib dein Leben hin, damit die Welt leben kann! Das heißt nicht, dass du deinen Körper ermorden sollst. Erkenne die Essenz, die reine Kraft, den Ursprung, in dem alles Erschaffene existiert, und erwache so zur unmittelbaren Liebe zu allem und jedem, das DU bist. Einen anderen Weg gibt es nicht, und es ist kein Weg, denn du kannst nirgendwohin gehen und nirgendwohin kommen, wo du bereits bist. DU bist immer und überall und ewig. DU, nicht du – vergiss diesen Unterschied nicht und lebe mit dir im ICH BIN.

Viel Verwirrung gibt es um diese Aussage, die sich in euren alten und neuen heiligen Schriften findet und die auch ich gelehrt habe. Diese Verwirrung rührt einzig und allein aus einer Verwechslung der wahren mit der vergänglichen Natur. Ich habe die Auferstehung des Leibes vorgelebt, fürwahr. Doch wenn das dein Ziel ist, bleibst du gebunden in der Stofflichkeit – wenn auch auf einer feineren Ebene. Dein einziges Ziel sollte es sein, die einzig wahre, frei machende Wahrheit zu ergründen, und alle anderen Fähigkeiten kommen mit dieser Erkenntnis automatisch. Auch die Möglichkeit, diesen stofflichen Körper, wenn er dir denn gefällt, zu erhalten, neu zu strukturieren und mit ihm das Leben zu erfahren, so, wie du wählst, dieses zu tun. Was nutzen dir alle höheren Kräfte, auch

Siddhis genannt, wenn du noch immer gebunden bist in der Welt? Ist es erstrebenswert, ein Magier zu sein, den die Welt auf dem Marktplatz verehrt und anbetet, oder ist es sinnvoller, die einzig wahre Heimat wiederzufinden und sich so die Welt untertan zu machen?

Die Welt, die auf einen Fingerzeig hin von dir reagiert, ohne dass du dämonische Kräfte dafür missbrauchen müsstest, ist die wahre Welt, die mit all ihrer Herrlichkeit, Macht und Glorie dein ist, wenn du es wagst, in die Tiefen zu tauchen, aus denen unendliche Höhe erwächst. Ich stehe dir mit meinem Beispiel und meinem Rat zur Seite. Vertraue darauf, und du wirst gerettet werden so, wie ich gerettet bin.

Alle eure Religionen haben in ihrem tiefsten Kern Zugang zur Wahrheit. Für jede kulturelle Eigenheit gibt es die passende, das entspricht der menschlichen Natur und ist gut so. Wertschätze die Qualitäten einer jeden Religion fernab der institutionalisierten Strukturen, und du wirst sehr bereichert werden. Doch wie mit so vielem in dieser Welt der Verstrickungen und Illusionen, ist es auch mit den Religionen: Ein Wesen war bereit und fähig, die höheren Wahrheiten zu erkennen, zu verstehen und zu empfangen und unternahm den Versuch, dieses den Mitmenschen zu vermitteln. Doch dieses Unterfangen ist weitgehend zum Scheitern verurteilt, wenn diese Menschen dann an den Worten hängenbleiben und diese nicht durch eigene Erfahrung bestätigen können. So kommt es zu Interpretationen und Verzerrungen, vergleichbar mit den unvermeidlichen Fehlern bei der Übersetzung von einer Sprache in die andere. Dies ist nicht weiter tragisch – es treten immer wieder neue Wesen auf, die die zeitlosen Wahrheiten in neuen Worten verkünden. Doch zwangsläufig ist es nötig, in Metaphern, Gleichnissen und Geschichten zu sprechen, um die innere Wahrheit in den Menschen anzurühren. Das wird oft missverstanden.

Du kannst dir die Geschenke einer Religion nicht zu eigen machen, wenn du an den Buchstaben klebst. Das ist die Hauptursache für all den Dogmatismus und Fanatismus, den ihr in eurer Welt finden könnt. Aus Angst vor der eigenen Macht und Größe braucht ihr fast zwanghaft die Gesetze und Vorschriften einer höheren Macht, die ihr zu der euren machen und verteidigen könnt. Das gibt euch ein (trügerisches) Gefühl von Sicherheit und „Richtigsein", das euch von eurer Orientierungslosigkeit und Sinnlosigkeit ablenkt, die die Folge des Nichterkennens des eigenen Wesens ist. Verurteile also nicht die religiösen Fanatiker an sich – es sind „arme Würstchen", die sich nach Anerkennung und Heimat sehnen.

Natürlich ist es ein großes Unrecht, anderen Menschen im Namen der Verteidigung einer Religion Schaden zuzufügen, und noch größeres Unrecht ist es, das im Namen Gottes zu tun! Das ist die größte Anmaßung überhaupt und die wirkliche Ketzerei: Davon auszugehen, dass Gott Wesen schafft, damit sie in seinem Namen von anderen Wesen umgebracht werden dürfen – im Namen der Gerechtigkeit und Wahrheit. Wie kann es nur sein, dass die Menschheit diesem Irrsinn seit Jahrtausenden unterliegt? Eine Antwort auf diese Frage wird nur zu finden sein, wenn man sich die traurige Geschichte der Verwirrung und Verirrung der Menschheit ansieht, die im Vergessen der eigenen Quelle ihren Ursprung hat. Wenn alle Menschen dieses Wissen wiedergefunden haben werden, wird auch das Morden und Töten im Namen Gottes aufhören müssen, denn niemand wird selbst für diese Schandtaten verantwortlich sein wollen.

Es gibt keine richtige oder falsche Religion, es gibt nur Meinungen, Glaubensbekenntnisse und Überzeugungen, die mehr oder weniger nahe an die Wirklichkeit herankommen. Diese Wirklichkeit wirst du jedoch niemals finden, indem du ein Schaf der Herde bleibst, sondern dich getraust, den Blick über den Weidezaun zu richten und die Schönheit und die Weite zu schauen. Ich habe niemals gewollt, dass ihr dumme Schafe in meiner Herde seid. Ihr sollt meinem Beispiel nachfolgen wie die Schafe dem Hirten – wieder eine missverstandene Analogie.

Das Beispiel, das ich gab, ermutigt euch, zu eurer Größe und Herrlichkeit zu finden, die euch von Gottes wegen zugestanden ist. Es sollte euch nicht zu armen Sündern machen und mich zum Herrscher der Welt. Sicher, ICH BIN der Herrscher der Welt – aber doch nicht als Jesus, der eine Person ist genau wie du, sondern als Gottes eingeborener Sohn, der ich bin, weil ich das weiß und bis in alle Tiefe erkannt habe. Es ist schwer, derart provozierende Aussagen gegen eure angestammte christliche Weltsicht vorzubringen, ohne großen Widerstand zu erzeugen. Zu tief sitzen die Überzeugungen, als Mensch von Haus aus sündig und schuldig zu sein – und das ist nicht nur im traditionellen Christentum so. Doch es ist an der Zeit, diesen Glauben, der euch seit Jahrtausenden niederdrückt, über Bord zu werfen.

Warum nur habt ihr euch das einreden lassen? Wie kann ein wunderbares, herrliches Wesen so etwas glauben? Erbsünde? Wie soll sich das unerschöpfliche, unendliche Leben entfalten und Erfahrungen machen, wenn keine Erkenntnis möglich ist? Die Erbsünde ist eine Symbolik dafür, dass ihr euch auf den Weg der Trennung von eurem Gott-Selbst gemacht habt und auf den Abstieg in die Erfahrungswelten der Dualität. Gott ist eins und nicht zwei, und darum ist die Erfahrung der Wechselbeziehung in Gott nicht möglich. Was also soll an dieser Erkenntnis der Zweiheit Sünde sein? Das wurde euch zum Zweck der leichteren Manipulierbarkeit eingeredet und um dem Machtstreben von Institutionen, die immer ein gewisses Eigenleben entwickeln und die einzelnen Wesen für ihre Zwecke missbrauchen, zu dienen.

Ihr braucht euch weder sündig noch schuldig zu fühlen – ihr leidet schon genug unter der vollständigen Identifikation mit der angenommenen Person, die euch unweigerlich dem Tod überantwortet – das ist wohl „Strafe" genug! Vergesst alle kirchlichen Doktrinen, gleich welcher Art, die euch weismachen wollen, unwürdig und schuldbeladen zu sein. Sie wollen euch klein halten, um euch zu ihren Zwecken lenken und leiten zu können. Ließ ich mich lenken und einschüchtern von der Religion, in die ich hineingeboren wurde? Wäre das so gewesen, hätten sie mich sicher nicht

ans Kreuz genagelt. Menschen, die die Wahrheit verkünden, sind immer unbequem für Traditionalisten, die Angst
vor Veränderung haben, weil sie sich so bequem in ihrem
trägen, nichtsnutzigen Leben eingerichtet haben. Lass sie
links am Wegesrand stehen und gehe unbeirrt weiter. Sie
haben keine Macht über dich, wenn du treu zu deinem
wahren Sein – dem Gottes-Sein – stehst. Dieses Beispiel
gab ich meisterhaft und öffentlich, um euch zu ermutigen
und aufzurufen, es mir gleich zu tun. Es ist an der Zeit!

# Geschicke in Fügungen verwandeln (Dattatreya)

Das Leben, das dir geschenkt wurde, ist nicht dein persönliches Eigentum. Warum gehst du damit um, als wäre es ein Stück eingekaufte Ware, über die du allein zu bestimmen hast? Wie lebt es sich ohne die Sinn stiftende Wirkung der Akzeptanz einer höheren Warte? Kann ein mechanistisches, nur auf den physiologisch-psychologischen Fakten basierendes Menschsein dir Befriedung schenken?

Seit allen Zeiten ist der Mensch in seinem irdischen Dasein auf der Suche nach dem Woher, Wohin und Warum. Niemals zuvor gab es eine Kultur, die diese Urfragen in dem Ausmaß versuchte zu vergessen, wie es heute geschieht. Und was ist das Resultat dessen? Eine Erde, die kurz vor ihrer Zerstörung steht; eine Menschheit, die sich anmaßt, Herr über alle anderen Geschöpfe zu sein; die explosionsartige Zunahme von Krankheiten aller Art – vor allem aber psychischen – bei gleichzeitig immer besserer Hygiene und medizinischen Versorgung; der Verlust von Lebensfreude und Lebensqualität trotz meist ausreichender Versorgung mit materiellen Gütern. Gibt euch das nicht zu denken? Warum macht ihr immer weiter und hofft, dass die Lösung des Dilemmas irgendwann vom „Himmel" fällt, an den ihr nicht glaubt?

Es ist nicht möglich, dass ein Mensch ein glückliches, zufriedenes, sinnerfülltes Leben in Erfüllung der für ihn selbst am besten geeigneten Aufgabe lebt, ohne eine „höhere", übergeordnete Instanz einzubeziehen. Die Seelenkräfte werden diesen Verlust nicht einfach hinnehmen und sich auf die eine oder andere Art bemerkbar machen – und sei es nur in der letzten Stunde dieses Lebens. Warum dann nicht gleich damit beginnen, sich in der Hinwendung und Öffnung dieser immer vorhandenen, doch meistens unsichtbaren und unbemerkten Instanz zuzuwenden? Das geschieht am besten mitten in einem normalen Leben mit seinen täglich Verrichtungen. Es ist vollkommen unnötig – und für viele sogar eher schädlich –, sich dazu in Einsiedeleien oder Klöster zurückzuziehen. Der lebendige Gott, der nicht eine personifizierte Gottheit ist und doch hin und wieder über einen individualisierten Körper verfügt, begegnet dir in allem, was Leben ausmachen kann.

Je nach Kultur gibt es verschiedene Vorgehensweisen, in eine persönliche Begegnung mit diesem Aspekt einzutreten. Besonders im östlichen Kontext sind Rituale und rituelle Formen seit alters her ein vielfach erprobtes und bewährtes Mittel. Diese sind sozusagen das Netz mit doppeltem Boden, das den Sucher vor dem freien Fall bewahrt und ihn sicher in die Höhen geleitet, nach denen er strebt. Spürst du eine Resonanz dazu (was vielen Menschen, die es nie selbst probiert haben, eher äußerlich oder gar wie Götzendienst und Aberglauben erscheint), möchte ich dich dringend ermutigen, solche Rituale auszuüben. Halte dich jedoch genau an die alten Bräuche – ihnen wohnt eine große Kraft inne.

Es ist eine Zeit großer Wandlungen und Gnadenströme angebrochen, und so finden sich immer neue, leichtere Zugänge für jene, die sich aufmachen, dem Ruf ihres Herzens zu folgen.

Nutze die Grundlagen deiner eigenen Kultur – Mystiker gibt und gab es in jedem Land dieser Erde – und baue darauf auf. Hast du ein Gefühl dafür bekommen, dass jenseits von Körper und Psyche Ebenen und Bewusstseinsströme deiner harren, von denen du bisher keine Ahnung hattest, mache dich daran, deine eigenen Wege zu ergründen. Es ist nicht mehr zwingend nötig, streng einem einzigen Meister zu folgen oder jahrelang bei einem solchen zu leben – wobei dies immer noch ein sehr guter, effektiver und gangbarer Weg ist.

Lerne, dir selbst zu vertrauen. Dazu ist es allerdings nötig, dass du zunächst bereit bist zu akzeptieren, dass die Mehrzahl der Impulse, Hinweise und Argumente, die du so gerne und häufig ins Feld führst, aus dem selbsttätig denkenden Verstand geboren werden, der aufgrund seiner Struktur und Eigenarten einfach nicht in der Lage ist, einen größeren Überblick zu bekommen. Hier liegt auch der größte Wert des Seins mit einem Meister oder Guru – er durchschaut diese Tricks und kann dich damit konfrontieren. Aber auch ein Meister kann nicht die Arbeit für dich machen, und jeder wahre wird dir nur Hinweise liefern, damit dir selbst die Erkenntnisse zuteilwerden können. Du kannst dich also auch selbst auf den Weg machen.

Lerne, den Impulsen des Herzens zu vertrauen – denn das bist du. Und akzeptiere, dass das Leben wohlwollend und gütig ist, auch wenn es nicht immer so aussehen mag. Das nennt man wahre Hingabe, und sie ist die unabdingbare Basis für ein zufriedenes Leben im Einklang mit den Geschehnissen. Machst du es dir zu eigen, nicht zuerst die Katastrophe in einer Situation zu sehen, sondern eine neue Einladung, etwas in Erfahrung zu bringen, etwas zu erkennen, oder schaffst du es zu akzeptieren, dass das Leben nun einmal so ist, wie es ist, und da nichts und niemand ist, der dir Übles oder dich schikanieren will, ist der erste Schritt in die richtige Richtung getan.

Versuche, dir zu erschließen, was die wahre Bedeutung des Gebets „Herr, dein Wille geschehe" ist. Das wird dir nicht über Analyse gelingen, wohl aber in tiefer Kontemplation. Wer oder was ist dieser Herr, dessen Wille besser geschehen soll als unser egoistischer, persönlicher Eigenwille? Was ist das Größere, Höhere, dem wir uns unterordnen sollten? Ein neuer, alter Diktator, Richter oder Henker? Oder etwas Wohlwollendes, Gütiges – da niemals Unterscheidendes –, dem die Kulturen diese verschiedenen Namen gaben? Wie kann ich mich dem nähern, wie es erfassen?

Du wartest jetzt sicher auf eine Antwort all dieser Fragen, doch ich muss dich leider enttäuschen. Du musst sie selbst finden – alles andere ist wertlos für dich. Du hast bereits genug schöne Worte konsumiert – die es durchaus vermögen, dich aus deinen Tiefen zu erheben und für so manche Erkenntnis sorgen können –, doch die wirkliche Erfahrung, die sich dann in Weisheit wandelt und dafür sorgt, dass sich dein Schicksal als ein unendlicher Strom der Gnade und Schönheit entpuppt – unabhängig davon, wie deine Lebensumstände sein mögen –, musst du alleine machen. Es ist möglich und viel einfacher, als es scheint. Die wahre Essenz des Lebens steckt immer in den kleinen, einfachen Dingen, nach denen wir vergessen haben zu schauen. In ihnen offenbart sich die Wahrheit von alleine, und ist diese erkannt, schaust du die Essenz der Liebe, die Gott ist und dich niemals verlässt. Vertraue dich im stillen Gebet den helfenden Kräften deines Herzens an, und du wirst immer gut geleitet sein.

Om namaha Shivaya.

## Globale Transformation findet persönlich statt
## (Ein Hüter der Menschheit)

Gegrüßt seist du, irdisches Wesen. Ich bin erfreut, in deiner Gegenwart sein zu dürfen. Erstaune dich nicht über diese Worte – viele nichtirdische Bewusstseinsfelder profitieren auf das Höchste von eurer Anwesenheit. Wir lernen durch euch, diese Welt besser zu verstehen, wir kommen durch eure Gedanken- und Bewusstseinskreationen in Kontakt mit Erfahrungswelten, die uns sonst verschlossen bleiben würden. Dafür sind wir euch zu Dank verpflichtet, auch wenn ihr von diesen Geschenken an uns nichts wisst. Im großen übergeordneten Plan spielt auch dieses winzige Detail eine gewichtige Rolle. Alles und jedes interagiert miteinander und durchdringt und bereichert sich gegenseitig. Ihr Menschenwesen seid euch dessen nur noch nicht bewusst. Das erstaunt uns zutiefst, sehen wir doch in euch eine große Bewusstheit im Umgang mit so vielem, dass es schier unverständlich ist, warum sich euch die elementaren Gesetzmäßigkeiten des Lebens an und für sich nicht selbst zu erschließen scheinen.

Was ich bin, spielt im Moment für dich keine Rolle. Wir sehen, dass du bereit bist für eine Kommunikation, ohne irgendwelche Verzerrungen deinerseits, und nutzen freudig diese Möglichkeit. Wir bitten dich, das ausnahmsweise einmal unhinterfragt hinzunehmen. Es genüge dir für den Moment zu wissen, dass wir seit Anbeginn der Zeiten Hüter und Beschützer des menschlichen Geschlechts sind. Du darfst dich nicht schämen, nicht in der Lage zu sein, dieses in Gänze zu erfassen – das ist im Moment für dich und fast alle anderen Menschen unmöglich. Doch es wird eine Zeit kommen, in der wir Seite an Seite stehen und den neuen Morgen begrüßen werden. Wir freuen uns sehr darauf.

Du bist willkommen als Vermittler zwischen den Welten der himmlischen Sphären und den verdichteten irdischen Bereichen. Das ist nicht immer eine leichte Aufgabe und stellt viele liebgewordenen Überzeugungen und traditionelle Glaubensmuster auf eine harte Probe. Vieles, was selbstverständlich scheint, kann keinen Bestand haben im Angesicht der Worte und Wahrheiten, die euch aus den Bereichen der höheren Bewusstseinsebenen erreichen. Nicht lange mehr wird es jedoch möglich sein, sich vollkommen davor zu verschließen. Viele Menschenwesen werden auf leidvolle Art und Weise begreifen müssen, dass mit Selbstherrlichkeit und Ignoranz den Wundern des Lebens gegenüber nichts gewonnen werden kann.

Es dauert nicht mehr lange – obwohl wir nicht sagen können, welche Zeitspanne in eurer Wahrnehmung das sein wird –, bis eine neue Ordnung notwendig sein wird, die auf höheren Erkenntnissen und Idealen basieren wird als euer momentanes Fressen und Gefressenwerden und eure Angriffs- und Vergeltungskultur. Wir sehen und spüren die Entwicklung in euch. Mehr und mehr von euch begreifen, verstehen und wollen so nicht weitermachen. Das wird immer weitere Kreise ziehen, bis die gesamte globale Gemeinschaft erfasst wird. Wir können diese Tendenzen nicht verstärken, auch wenn wir sie sehr willkommen heißen, doch wir können alles in unserer Macht Stehende tun, um die Gegenströmungen zu neutralisieren. Wir lieben, was ihr zu werden im Begriff seid, und werden alles daran setzen, dass es euch nicht wieder zurückzieht in die finsteren Gefilde, denen ihr gerade im Begriff seid zu entkommen.

Das ist eine faszinierende und lange herbeigesehnte Entwicklung, der wir mit Staunen beiwohnen. Aus eurer Perspektive mag es anmuten, als wenn sich alles zum Schlimmeren wendet, das Chaos um sich greift und alles, was euch bisher Sicherheit vorgetäuscht hat, zerbricht. Doch glaubt mir, wir sehen das größere Bild und möchten euch versichern, dass dem nicht so ist. Etwas Wunderbares und Einmaliges ist im Gang, und das, was euch derzeit so zu schaffen macht, sind die Geburtswehen einer neuen Zukunft. Doch keine Bange, es wird nicht die ganze Welt zugrunde gehen müssen, wie so manche von euch fürchten und mit dieser Angst den erwähnten Gegenströmungen in die Hände spielen. Die neue Welt wird sich nicht aus den Trümmern der alten zusammensetzen, sondern sie wird das Ergebnis einer wahrhaften Transformation sein, ohne dass komplette Zerstörung vorrausgehen muss.

Weißt du, wie aus einer Raupe ein Schmetterling wird? Etwas Ähnliches vollzieht sich gerade global und individuell auf eurem wunderbaren Blauen Planeten. Und wie du weißt, durchläuft die Raupe auf diesem Weg der Auferstehung ein Stadium der Stagnation, der Starre, des anscheinenden Todes, in dem sie sich quasi selbst verdaut und aus dieser Substanz etwas vollkommen Neues, Wunderschönes, zu so viel mehr als vorher Fähiges, entstehen lässt. Ist es das nicht wert, einige Unannehmlichkeiten in Kauf zu nehmen? Habt keine Angst vor dieser Metamorphose, sie ist genau das, was geschehen soll, und wir sind glücklich und stolz anzusehen, dass ihr dabei seid, das zu bewältigen. Unsere Geduld und unsere Mühen haben sich gelohnt – es gab Zeiten, in denen es nicht so aussah, als würde es gelingen, auch wenn euch das im Moment noch nicht so scheint.

Hört nicht auf die Angstmacher und Untergangspropheten – die Menschheit hat sich entschieden, Stück für Stück und allmählich, doch viel schneller, als alle „Beobachter" erwartet hätten, zu erwachen und einen neuen Weg einzuschlagen. Seid gewiss, die Kreuzung liegt bereits hinter und nicht mehr vor euch. Nun ist es notwendig, den einmal eingeschlagenen Kurs beizubehalten. Lasst euch nicht verunsichern durch allerlei Ungemach und materielle Unsicherheiten. Das wird vorbeigehen, und alle, die standhaft bleiben, werden den Neuen Morgen freudig begrüßen können.

Worte der Hoffnung und der Zuversicht erreichen euch in diesen Tagen noch viel zu selten. Noch ist die Propaganda eine der Angst und der Unsicherheit. Das ist unter anderem dem Übertritt in eine Zeit geschuldet, von der ihr nicht wisst, was sie bringen wird. Doch habt ihr das jemals gewusst? Ist es nicht seit jeher eine Illusion gewesen, zu wissen, dass am nächsten Tag alles genauso sein wird wie gestern? Das ist die alte Energie, die nötig war, damit ihr in Ruhe und unbesorgt im Vertrauen auf diese Beständigkeit eure Entwicklung durchmachen konntet. Doch nun ist es genug. Ihr seid bereit, damit zu leben und es euch einzugestehen, dass jeder Moment vollkommen anders sein kann als der vorherige, da es in diesem unendlichen Kosmos so vieles gibt, von dem ihr nichts wisst oder ahnt und das in eure kleine heile Welt einbrechen kann. Ein Wesen, das gelernt hat, mit dieser Unsicherheit zu leben, ist durch nichts mehr zu erschrecken und gar einzuschüchtern.

Begrüßt die Unsicherheit, denn Sicherheit ist eine trügerische Illusion, die euch träge gemacht und euer Denken vernebelt hat. Seid jeden Augenblick auf das Neue, das Ungewohnte, gefasst, und die Zukunft wird für euch ein spannendes Abenteuer sein, auf das ihr euch jeden Morgen freut, und nicht ein Abfolge endloser Schrecken. Diejenigen von euch, die es weiterhin vorziehen, die Welt und das Leben als statisch und zuverlässig anzusehen, werden unweigerlich Probleme bekommen. Nicht nur psychischer, sondern auch physischer Art, und schlussendlich werden sie wohl verzweifeln an all den Unwägbarkeiten, die sie täglich zu bedrohen scheinen. Jeder Einzelne hat für sich die Wahl, auf welcher Seite der Skala er stehen möchte. Beginne jetzt damit, dich auf die Wandlungen einzustellen, und du wirst keine Schwierigkeiten haben, wenn eines Tages der Schmetterling den Kokon zerreißt, die Flügel spannt und zum Flug ansetzt.